十九世紀以來的中英相遇
戰爭·貿易·科學與管治

王賡武 著

金明 王之光 譯

商務印書館

Anglo-Chinese Encounters since 1800: War, Trade, Science and Governance

@2003 Wang Gungwu

Originally published in the UK by Cambridge University Press

Traditional Chinese edition copyright:

@2016 The Commercial Press (H.K) Ltd.

本書譯文由浙江人民出版社授權使用

十九世紀以來的中英相遇 —— 戰爭、貿易、科學與管治

作　　者：王賡武

譯　　者：金　明　王之光

責任編輯：潘來基

封面設計：涂　慧

出　　版：商務印書館 (香港) 有限公司

　　　　　香港筲箕灣耀興道 3 號東滙廣場 8 樓

　　　　　http://www.commercialpress.com.hk

發　　行：香港聯合書刊物流有限公司

　　　　　香港新界大埔汀麗路 36 號中華商務印刷大廈 3 字樓

印　　刷：美雅印刷製本有限公司

　　　　　九龍觀塘榮業街 6 號海濱工業大廈 4 樓 A

版　　次：2016 年 7 月第 1 版第 1 次印刷

　　　　　© 2016 商務印書館 (香港) 有限公司

　　　　　ISBN 978 962 07 6576 6

　　　　　Printed in Hong Kong

目　錄

鳴謝 ｜ *ii*

一　　導論 ｜ *1*

二　　"去打仗" ｜ *14*

三　　"去貿易" ｜ *45*

四　　"去傳教" ｜ *76*

五　　"去統治" ｜ *111*

六　　餘論 ｜ *142*

鳴　謝

1995 年，史穆茲紀念基金會邀請我在 1996 至 1997 年度到劍橋大學發表英聯邦演講，我對此表示衷心的感謝。天有不測風雲，就在演講之前的幾個月，各種意料不到的事務纏身，迫使我乾脆取消此行。這使得主辦方很被動，尤其給接待者、劍橋沃爾夫森學院院長戈登‧約翰遜（Gordon Johnson）帶來極大的麻煩。

　　為了準備這次演講，我專門寫了中英兩國在中國、英國和英聯邦的交往故事提綱。我剛在香港，這個英國在華最後的殖民地，工作了近 10 年，然後移居早在 30 多年前就加入了英聯邦的新加坡。這兩大港口城市似乎可以成為我短程旅行的理想出發點，在我理解現代中國歷史的歷程中，從未嘗試在如此接近現代中國邊境的地方觀察。我生於荷屬東印度群島爪哇島上的華人家庭（當時這裏是荷蘭殖民地），這輩子，除了短暫的三年，我一直生活在前英屬殖民地或現時的英聯邦國家，內心一直憂慮能否以某種方式，將中英兩國的故事聯繫起來講述。史穆茲英聯邦演講為我思考中英兩國自 1800 年開始的交往史，提供了有趣的框架。

　　兩年後，史穆茲紀念基金會再度邀請我主講 2000 年度的英聯邦演講，這個邀請來得那麼突然，讓我欣喜萬分。戈登·約翰遜仍是接待者。這真是慷慨的恩賜，讓我有機會重拾過去留下的筆記和演講大綱。本書在 2000 年 10 月劍橋演講的基礎之上，稍稍作了修訂。

一　導論

　　受邀做史穆茲英聯邦演講，我深感榮幸。我在馬來西亞西北部的霹靂州首府怡保市長大。歷史上，霹靂州曾接受英國的保護。我在當地一所公立學校（安德遜學校）修讀英帝國和英聯邦史，獲頒劍橋證書，這所學校以前總督約翰・安德遜（John Anderson, 1858-1918）爵士的名字命名。我在新加坡新建的馬來亞大學就讀時，簡・克利斯蒂安・史穆茲（Jan Christianan Smuts, 1870-1950）爵士依然健在。我感興趣的是，為何這位負笈劍橋的殖民地居民一度痛恨大英帝國，卻又離奇轉身成為英聯邦的忠誠擁躉。1968年，我在澳大利亞國立大學見到史學家基思・漢考克（Keith Hancock, 1898-1988），當時他剛完成《史穆茲傳》（第二卷）[1]，我對史穆茲的研究興趣油然而生。我樂於閱讀這位布林人青年時代的故事和他在第二次布林戰爭（1899-1902年）期間建立的功勳。他人生的最後階段，也就是1933年之後的經歷，更讓我關注。他為何變得對英聯邦如此忠誠？在我這個華人看來，有兩個原因甚為突出。一個原因，他是歐裔基督徒，認同英國歷史文化，同時是世界名牌大學培養的英美法系律師。另一個原因，他是殖民地居民，深愛祖先的南非土地，渴望他的民族在那個多民族大陸上建立起屬於自己的文明國度。因此，他大力宣傳鞏固英聯邦制度，使他的國家奉行自由和博愛，成為世界大家庭的一員。

在我身上都找不到這兩種動因，難怪我有機會走近英聯邦歷史，卻沒有從事這項研究。我出生在遵奉帝制的中國文人家庭。辛亥革命改變了這種家庭的生活。我的父親放棄了對傳統儒家經典的研究，考入現代大學。畢業後，他發現必須離開中國去尋找他樂意從事的職業，遂僑居英屬馬來亞[2]，以教書為生。父親之後回國結婚，夫妻一同前往荷屬東印度群島。我生在印尼蘇臘巴亞市。父親時任一所中文中學的校長。在我年幼時，他離開爪哇，在馬來西亞霹靂州英國管轄的教育部擔任漢語學校督學。父親在中國大學學過英語，極推崇英語文學，但他從沒把我培養成大英帝國的順民。不過，通過學校工作，父親開始了解大英帝國管理多元社會的舉措，他便自認他的工作目標是讓中國孩子接受良好的現代教育，使華人社區將中國文化力所能及地傳播給感興趣的民眾。我的母親中文很好，但一點也不懂英文，我們在家只能說中文。對於父母來說，馬來亞不是真正的家，他們內心最深的渴望便是回到祖國的懷抱。他們向我這個獨子宣揚要愛中國及中國的東西。[3]

那麼，我為甚麼有資格談英聯邦？一個原因是，除了短暫的三年，我這一生一直生活在前英屬殖民地或現英聯邦國家。我過去的歲月是在以下多個國家和地區的城鎮中度過的：馬來亞、馬來西亞、英國、澳大利亞和香港，最後是獨立的新加坡。另一個原因包含多種因素。儘管學術寫作圍繞中國歷史和海外華人，我的歷史可是從大學裏的英國老師和同事[4]那裏學來的。我的研究、教學和寫作都在英聯邦體制下的大學和環境[5]中進行，這使我有足夠的機會思考中英關係，不管是在英聯邦國家之內，還是在英聯邦以外。於是，我時常納悶，各種各樣的中國人同英國人打交道時的際遇怎樣，從與各式英國人的交往和英國人在亞洲各地區的活動中，中國又得到了甚麼。

因此，這些講稿都圍繞這個角度來寫作。內容上不可能面面俱到，涵蓋英國與中國、中國人關係的各個方面，而是從中英兩國的周邊加以旁敲側擊，試圖將關乎兩國人民的中心問題與看似無關緊要的問題相提並論。我使用"相遇"（encounter）一詞，沒有吉莉恩‧比爾（Gillian Beer）定義的"有力的、危險的、誘人的、基本的"這些屬性，但是我希望這個詞正如她所提到的，"能充分探討未經省察的假設，允許一般解釋者而不總是政要們去挖掘未經表達的動機"。[6]我選擇的研究視角有時比較棘手，提供的場景撲朔迷離，始終不夠全面，不過，我的核心觀點是：在關乎深層價值觀的最重大問題上，中英兩國人民仍存在極大分歧。

我從中英兩國一開始就動盪不安的關係說起。兩國人民之間能對上眼的東西本就不夠多，以至於無法增進相互了解。箇中原因是複雜的。有些源於政治經濟上的直接衝突，但大部分是出於歷史文化上的千差萬別。這一點本來就不足為怪。英國深受西方文明的薰陶，而中國有着自身創造出來的獨特的文化傳承，雙方可謂大相徑庭。另外，在跟中國相遇之前，英國人已和其他偉大的文明國家打過交道。事實上，與中國人的聯繫相比，英國人跟西亞的穆斯林國家、南亞的印度這兩大文明的交往更加深入。英國跟上述兩者的關係也好不到哪裏去。英國人的帝國疆域越來越大，始終苦於寡不敵眾。他們覺得自身勢力橫豎不穩固，便建立起防護欄，並擴展到社會和文化關係。外族環峙，令英國人根本應對不及；人手不夠，也實在做不到減少防禦工事。

儘管如此，中英關係的發展卻豐富多彩，卓有成效，儘管兩國差異懸殊，但漢語世界的人與英語民族在許多場合中過往甚密，有些交往甚至對中國產生了深遠影響。例如，中國對英國海軍的強大耿耿於懷，但更羨慕一個現代的民族主權國家造就了這種實力。中國不斷地評估自身的國防和國家安全，但是國家為應對那種實力所須作出的洗心革面卻姍姍來遲；同時，中國的官僚階層對海外商企能夠創造的巨大財富感到震驚。這最終使他們重新審視中國商人的地位，重新定義在中國復興過程中商人的角色；此外，不同的中國羣體對於英國傳教文化的反應也是不同的，最終，英國的科技進步贏得了最多的信徒。其結果是，對於中國各民族而言，科學思想成為衡量現代文明的方式，並決定了現代教育的意義；最後一點，大多數中國人對英國人的遵紀守法、市民自律和行事高效感到驚訝，儘管他們並不總是理解如何培養起對法律的這種尊重，要理解這個法治社會的管理體系是如何分級建構的，也不是一椿易事。但無疑，兩國範圍廣泛的交往日積月累所產生的影響是深遠的。

我將擷取中英交往的歷史，分析和思考其在當下和未來的意義。第二、三章探討中國對戰爭和海外創業戰略的態度。第四、五章講述中國科學史的重新發現和中國對於現代治國方略的回應，包括對政黨制的試驗。然後我將對這些思想進行整合，以提供對英中現象的一個長遠的眼光。

　　一旦比較英國對中印兩國產生的影響，我總是震驚於 19 世紀印度穆斯林詩人米沙·迦利布（Mirza Ghalib, 1797-1869）[7] 的兩行詩。當時，他正向印度阿里格爾穆斯林大學創始人賽義德·艾哈邁德·汗（Sayyid Ahmad Khan, 1817-1898）提議，希望後者不要過度關注莫臥兒人的過去。他這樣寫道：

> 睜開眼睛，審視英國人，
> 觀看他們的作風、風俗、貿易和藝術。[8]

　　同時代的中國官員是不能夠聽從這一建議的。為甚麼會這樣？背後有重要的文化因素。這也能衡量印度人（包括印度教徒和穆斯林）與中國人世界觀的不同起點。在迦利布希望賽義德·艾哈邁德·汗審視的四個品質中，只有英國人的"貿易"才可能吸引中國的沿海商人，但另一方面，清朝官員要控制的也正是貿易。他們絕不會鼓勵中國商人學習英國的經商之道。對英國人的"作風"和"風俗"更是如此，清朝官員一般會積極找茬。一些中國人可能覺得英國人的"藝術"有趣，尤其是其實用設計藝術、工藝美術，以及材料使用上的創新。但在大多數時間，中國人所景仰的還是英國人的強國之道。

　　那麼中國人的關注點是甚麼？我注意到英國漢學家亞瑟·韋利（Arthur Waley, 1889-1966）在《我們欠中國的情義債》一文中卓有高論。文章寫於 1942 年，第二次世界大戰中期，兩年後,該文在蕭乾(1910-1999)的《千弦琴》[9]中再版,韋利談到在 20 世紀首 20 年,"我們與中國的關係的偉大轉捩點到來了",當時英國的有閒之士、詩人、教授和思想家,接替以往的士兵、水手、傳教士、商人和官員,開始到訪中國。韋利竟吸引大家留意這種轉變,有點令人驚訝。伊萬·莫里斯(Ivan Morris)這樣寫道:

> 最奇怪的是韋利從沒到過中國和日本。我問起原因,他始終沒有直接答覆。雷蒙德·莫蒂默說,"韋利癡迷唐朝時期的中國和平安時代的日本,他不能一邊直視現代的醜陋,一邊在荒蕪中尋找許多保存完好的美跡",他這麼說自有一番道理。韋利心中早存有中日兩國的風光景致,他不希望旅行沖淡這種美好感覺。[10]

韋利揭開中國詩歌的神秘面紗,將中國詩歌領入英語世界,他自己就屬於"偉大的轉捩點"。他獨闢蹊徑,與中國人進行深層次的心靈和審美的交流。遺憾的是,能意識到這份情感如何對中國的思想、語言和藝術產生咒語般魔力的中國人,實在寥寥無幾。

亞瑟·韋利在文中提到幾個人,他們"不是去傳教(convert)、貿易(trade)、統治(rule)或打仗(fight),而僅僅是為了交友和學習"。他認為這些訪客本該為中國帶去英國人的嶄新形象。他提到的高斯華夫·路斯·狄堅遜

（Goldsworthy Lowes Dickinson, 1862-1932）和羅拔・特里維廉（Robert Trevelyan, 1872-1951）沒有產生影響。只有伯特蘭・羅素（Bertrand Russell, 1872-1970）給中國留下了印象，但像他這樣有影響力的學者屈指可數，且訪華時大多為時已晚，沒能結交多少朋友。事實上，韋利前面提到的這四個詞比他期望的更正確。當然，我們不能怪他沒有預見到在接替英國的更強大的國家身上，用這四個詞同樣適用。我指的是非正式的美帝國，已經不知不覺地進入中國人、東亞人和東南亞人的視線，取英帝國而代之。不管正式與否，美國榮登帝位，加入中英交往的第二階段，使更加寬廣的歷史畫卷無縫連接，直至當下。所以，我建議依然將這四個詞作為故事展開的關鍵字。"傳教、貿易、統治或打仗"描述了中國和英語民族關係史的核心內容。

　　這四個詞暫不按順序來講。我先說"打仗"，中國對這詞的關注度最高。1842 年，中國初嘗鴉片戰爭失敗的屈辱，成為中國近代史上厄運的開端。也許，中英人民之間從此沒法把關係理順的原因正在於此。我再說"貿易"。"貿易"起步很早，但只有當戰爭的硝煙散盡，貿易的影響方能彰顯。中國人遠較英國人了解對方，隨着雙邊合夥貿易的深入，彼此評價較少發生偏差。"傳教"則是單方面的，中國傳統上較少關注勸人皈依的工作，但當該詞延伸到涵蓋宗教和世俗兩方面的教育，雙方就有了充分的探討空間，結果是，沒有甚麼對上眼，但中國人還是設法從接觸中獲得了很多其所需要的東西。"統治"更是單方面的，但對於大多數中國人來說，這勢必是不完全的體驗，如果不是邊緣化的經歷的話。在打開中國沿海地區之前，英國不得不統治印度，但對於中國，卻並無統治的興趣。英國最後還是統管了零碎的行政權，管轄範圍包括中國通商口岸、中國海關，轄區涵蓋中國大陸之外的華人社區，主要是香港、馬來亞和婆羅洲（東南亞加里曼丹島的舊稱）的北部地方。中國人對此反應不一。但這可能加深他們對現代治理本質特徵的理解，值得關注。

鑒於我將暢談中國，跟史穆茲紀念演講由以得名的英聯邦相關的問題暫且放在一邊。我希望各位接受我的一個觀點，即儘管創建英聯邦的政治家自有動機，但英聯邦背後的理想卻超越了一個由有着共同過去的成員國組成的溫馨俱樂部。他們取之於一個大膽嘗試的理想，要將一個多文化、多種族的世界中各個國家的獨特經驗予以歸納總結，並梳理這些經驗供他國學習，乃至效仿。中國自身不直接屬於那個世界，並仍堅持一己之願景，以便在定義那個世界的未來中依然能扮演重要角色。但目前，有千百萬海外華人生活在不同的社會經濟體制下，其中的大多數人生活在由美國非正式領導的説英語的帝國裏。他們成為溝通中國和全球化了的那個世界的有用紐帶。

簡・克利斯蒂安・史穆茲會理解 20 世紀前後半葉世人觀點之嬗變。他是同齡人中最國際化的布林人。他敬仰溫斯頓・邱吉爾的世界觀，惋惜美國的孤立主義，畏懼蘇俄的崛起，認識到印度獨立的必然性。中國抗日戰爭爆發之後，他於 1937 年 9 月帶着不詳的預感，寫下這樣的評論文字：

完全釋放之後，這個巨人將做甚麼？我擔心日本所為不僅自毀前程，而且日後可能威脅到西方國家幾代人，這種破壞將超過東方國家歷史上的任何歷史事件。中國的英雄主義或將震撼世界。[11]

引用史穆茲的原話，他的悲劇是"擔心淹沒在黑非洲……造物主犯了一個錯，造成了不同膚色，我們有甚麼辦法？"[12]因此，英國沒有管好南非，史穆茲沒有加以責備。回想起來，英國人錯在跟布林人打仗。英國勝得並不輕鬆，儘管最後是贏家。他們終究未能阻止世界上最醜惡的政權在英聯邦誕生。但英國在經貿方面幹得不錯。南非確實成為非洲大陸上最富有的國家。至於勸人皈依基督教理念，功勞當屬英國國教，培養了像納爾遜·曼德拉（Nelson Mandela）這樣的基督徒。照中國人的話來說，曼德拉就像蓮花"出淤泥而不染"。這朵美麗的蓮花定會得到中國文人雅士的敬仰。

更有甚者，大英帝國的殖民地不經意地誕生了另一位傑出人物，那就是印度國大黨領袖聖雄甘地（Mahatma Gandhi, 1869-1948）。他先前在南非擔任律師，與史穆茲是同代人。韋利用在旅華的英國人身上的四個詞——打仗、貿易、傳教和統治，如果用到印度身上，甘地會拒絕接受。甘地反對一切戰爭，因為印度人和英國人造成了太多的殺戮，他看不見在印度這片戰場上戰而勝之的曙光。甘地欣賞基督教的精神力量，但反對基督教會。他在公開場合引用基督教中那些能夠使他堅持本來信念的信條。他更加強烈反對英國統治，但在尋求民族獨立的道路上，他對遇到的每個問題都堅持非暴力解決，這難住

了頑固不化的大英帝國當局。他還反對基於大規模生產的貿易
方式，英國人借此壟斷了印度市場，削弱了印度的傳統農業經
濟和文化。

與甘地的四個拒斥相比，中國缺乏如此徹底革命、不屈不
撓的政治領導人。中國宣導徹底改革和革命的領導者，如康有
為（1858-1927）、孫中山（1866-1925）、激進的民族主義者蔣
介石（1887-1975）和青年毛澤東（1893-1976），對大家看到的
以英國為代表的現代化和世俗化的反應，比甘地來得更加迅
急。跟許多實幹的中國人一樣，這些領導人樂於以西歐模式為
學習榜樣，而不單單向英國看齊。那麼，為甚麼在今天看來印
英交往結出的碩果貌似多過中英交往？為甚麼英國對印度的影
響甚至大過整個西方世界對中國產生的影響？我將不去回答這
個問題。但我希望通過我對中英交往的述說，幫助其他人揭開
這一看上去引人入勝的謎題。

注　釋

〔1〕　基思‧漢考克（Keith Hancock）：《史穆茲：樂觀的歲月
　　　（1870-1919）》（第 1 卷）（劍橋：劍橋大學出版社，1962 年），
　　　《史穆茲：角力場（1919-1950）》（第 2 卷）（劍橋：劍橋大學出
　　　版社，1968 年）。

〔2〕　馬來亞，或英屬馬來亞，1948 年以前，指海峽殖民地、馬來
　　　聯邦和馬來屬邦；之後直到 1963 年馬來西亞建立之前，指馬

來亞聯邦和新加坡殖民地。

〔3〕 家父王宓文（Wang Fo-wen, 1903-1972）畢業於東南大學（南京國立中央大學前身），現南京大學。他去泗水（蘇臘巴亞）之前，先後執教於新加坡、吉隆坡和馬六甲等地。1932 年，他前往霹靂州任職，大蕭條席捲馬來亞，勞工動亂事件在失業華人中屢有發生。在這之前，金文泰（Cecil Clementi, 1875-1947）總督出手鎮壓新加坡國共兩黨擁護者之間爆發的尖銳衝突，父親認為此舉只會給馬來亞帶來麻煩。在羣體多元化的馬來亞，將華人學校作為另一個戰場是不可接受的，學官的工作不可避免地被政治化。父親投身於華人教育事業，教導他唯一的孩子，中國才是祖國。作為一個移居海外的中國人，他是問心無愧的。他是一個真正的華僑，一個旅居外國的中國人，或者說一個海外華人。第二次世界大戰之後，我使用“海外華人”這個詞，表明他們不再是短暫出國，強調這批華裔長期定居海外的事實。

《王宓文紀念集》是一本集詩歌、散文和書法為一身的紀念集，體現了父親在中國文學和藝術傳統研究上的造詣。王賡武編：《王宓文紀念集》（河畔：全球出版社，2002 年）。

〔4〕 1949 至 1954 年，我就讀於新加坡馬來亞大學，我的四位老師中有三位是劍橋人：西瑞爾‧諾斯克特‧柏堅遜（Cyril Northcote Parkinson, 1909-1993）、艾域‧史托斯（Eric T. Stokes, 1924-1981）和伊恩‧麥格戈（Ian McGregor, 1912-1998）。我的第一位老師拜恩‧夏里遜（Brian Harrison, 1909-1995）離職後任香港大學歷史系教授。

〔5〕　新加坡馬來亞大學歷史系（學生，1949-1954；講師，1957-1959）；倫敦大學亞非學院（博士生，1954-1957）；吉隆坡馬來亞大學（1959-1968）；澳大利亞國立大學（1968-1986）；香港大學（1986-1995）；新加坡國立大學（1997 年至今）。

〔6〕　吉莉恩・比爾（Gillian Beer）:《開放的領域：文化交往中的科學》（牛津：克拉倫頓出版社，1996 年），第 2 頁。她在書中警告說，交往不能 "保證理解"，可能僅僅突出 "甚麼是不相符的"。此語很好地詮釋了本書的寫作動機。

〔7〕　我了解多處提及的迦利布在印度兵變時寫下的一則日記和幾首加薩抒情詩歌，收錄在由拉夫・羅素（Ralph Russell）和胡爾西德爾・伊斯蘭姆（Khurshidul Islam）編譯的《迦利布（1797-1869）》（第一卷）:《生平與書信》（聯合國教科文組織代表作品集：印度篇）（劍橋：哈佛大學出版社，1969 年）。他是賽義德・艾哈邁德・汗（Sayyid Ahmad Khan）爵士及其家人的好友。

〔8〕　這一部分是迦利布為賽義德・艾哈邁德・汗爵士解釋的阿克巴憲法所作的詩體引言，這一憲法描述了偉大的莫臥兒帝王阿克巴（Akbar, 1556-1605）的統治管理體系。迦利布對莫臥兒體制不感興趣，覺得賽義德・艾哈邁德・汗的解釋缺乏意義。賽義德沒用引言實在情理之中。拉塞爾、伊斯蘭合編:《迦利布》，第 90-91 頁。拉傑莫漢・甘地（Rajmohan Gandhi）在《復仇與和解：解讀南亞歷史》（德里、倫敦：企鵝印度圖書公司，1999 年）一書中第 136 頁引用了這幾行詩，轉引自哈菲茲・馬利克的（Hafeez Malik）《賽義德・艾哈邁德・汗爵士與

印度、巴基斯坦的穆斯林現代化》(紐約：哥倫比亞大學出版社，1980 年)，第 58 頁。

〔9〕　蕭乾（選編）:《千弦琴：中國文選六卷》(倫敦：嚮導出版社，1944 年)，第 381-383 頁。

〔10〕伊萬‧莫里斯（Ivan Morris）:〈亞瑟‧韋利的天才〉，載伊萬‧莫里斯編:《在山上瘋唱：亞瑟‧韋利作品賞析》(倫敦：喬治‧艾倫與安文出版社，1970 年)，第 80 頁。

〔11〕漢考克:《史穆茲》(第 2 卷)，第 283 頁。

〔12〕漢考克:《史穆茲》(第 2 卷)，第 473 頁。

二 "去打仗"

　　讓我從亞瑟·韋利的"去打仗"一詞說起。19世紀40年代，英軍順利攻破海防，打開中國的門戶，失敗的創傷銘刻在中國幾代領導人的心頭。1911年清政府覆滅後不久，"鴉片戰爭"被指認為中國近代史的開端，成為中國史書上最重要的標記。這一歷史定性不僅映射了中國的新現實，同時也反映出中國人民不忘鴉片戰爭帶來的遺憾、怨恨和反責的強烈願望。多種語言、幾百部歷史書籍專門論述了這一主題。鑒於歷史學家反覆細緻地描述過戰況，這裏無需贅述。本書僅限於關注鴉片戰爭對中國的某些影響。

　　歷史上，英國征服了印度大片領土，但並不試圖在中國如法炮製。英印交戰時日甚長，從普拉西之役到印度兵變，至少持續100年之久，隨後英國又鎮壓當地起義，戰勝了威脅西北邊境的敵人。與中國的戰爭不需要那麼曠日持久，主要是從1840年到1860年，因為當時英國早已榮登世界頭號強國寶座，而清帝國日漸式微。英國人很快得償所願了。此外，英國也有許多競爭者，先有法俄，後有德日，一旦發現戰爭有利於它們，它們便願意參戰或者乾脆反客為主，很快，形勢變得明朗，幫助中國實現軍事現代化對英國而言日益重要。英國人想在華經商，而不要土地。如果清軍維持國泰民安，貿易就能繁榮。中國不可能對英國人本身構成軍事威脅。英軍只需定期巡邏長江沿岸，在香港、新加坡等軍事基地保持戰備即可。

英國人確實給了中國統治精英最深刻的教訓：外敵能從南邊和東邊嚴重威脅中國疆域，甚至從海上征服。16 至 18 世紀，歐洲列強開始武力騷擾中國沿海，但是明清官員卻不想也不願從中吸取教訓。幾百年來，中國統治階層都以為，只要他們想建立海軍（至少從宋朝〔960-1276〕開始），[1] 就能建成一支強悍的海軍。15 世紀上半葉，明朝（1368-1644）第三位皇帝永樂大帝（1402-1424）躊躇滿志，果真派遣海軍遠征，經東南亞和印度洋，到達阿拉伯半島及非洲東海岸。永樂大帝和明朝繼任的皇帝有能力擊退倭寇的騷擾，打擊侵襲中國東南沿海城鎮的武裝走私集團。16 世紀中葉，在疏於海防 120 年之後，仍有可能重建一支強大海軍，抵禦倭寇和中國海盜。17 世紀初，中國的武裝商團，尤其是鄭成功（當時海運界尊稱其為"國姓爺"）領導的商賈艦隊，已建立了本區域最強大的海軍力量，控制着中國沿海與日本、中國與東南亞的貿易。[2]

但是清政府（1644-1911）重組帝國海軍，最終於 1684 年摧毀了鄭成功在台灣的根據地。平定台灣之後，清廷設法嚴控乃至禁絕所有對外貿易，確保今後不必再與那樣的商業敵人打交道。其後直到 19 世紀早期的 100 多年裏，這一政策都很成功。清政府尚未意識到，當他們的軍隊對自己舊有的作戰方式沾沾自喜、固步自封時，他們未來敵人的軍事技術正在突飛猛進。

縱觀中國歷朝歷代，北疆防禦一直極受重視。15 世紀 30 年代後，蒙古敵軍再次威脅國門，明朝軍事重心從海上轉向大陸。清朝統治者本身是中原地區的征服者，對北方邊境防守薄弱的後果自然更加敏感。他們細讀中國歷史，得出結論：強敵不可能從海上征服中國。即使在 1793 年馬嘎爾尼勳爵使團訪華，公開展示自傲和底氣之後，清朝沿海地區的官僚仍沒有將早就得到的強大英國海軍的情報，準確如實地彙報給乾隆皇帝。[3] 1841 年，英戰艦沿珠江攻入廣州，清朝政府才大夢初醒，意識到中國落後了。

在 20 世紀，中國歷史學家中的民族主義者大多嚴厲斥責清廷無能，無暇防備中英戰爭。大量史料揭露官員之昏庸腐敗，不是諫言誤導皇帝，就是低估敵軍。欽差大臣林則徐（1785-1850）不懼英國人，沒收洋商鴉片煙，是唯一一位為史家稱頌的高官。清軍中低層軍官率軍在沿海簡陋的工事中英勇抗擊來犯之敵，亦時獲稱道。反響最熱烈的當屬廣州周邊三元里村民的抗英鬥爭。所有這些當時鮮有人知，後被史學家們深挖之後，才廣為人知。[4] 19 世紀 40 年代初，清廷深陷平定內亂的泥潭，當時根本無暇評估沿海地區遭襲帶來的巨大損失。至 1851 年，清王朝面臨自 17 世紀以來最大的威脅 —— 太平天國運動，所有的一切與之相比都黯然失色。太平軍橫掃中國中部和南部，定都南京 —— 帝國的第二首都。之後的 30 年中，華北、西北和西南等多地接連爆發叛亂，清軍疲於征戰。[5]

在清廷看來，奪取所有這些陸戰的勝利在情理之中。在叛亂最危險的時期，駐滬英軍確實曾及時相助，擊退長江三角洲一帶諸縣的太平天國叛軍。不過參加關鍵戰役的主力，卻是清朝學者型官僚曾國藩（1811-1872）及其影響下的地方鄉紳將領率領的血性忠勇的團練（稱為"湘勇"）。這些軍隊先後在北方平定捻亂，擊敗雲南（緬甸邊境）和新疆（中國突厥）的回亂。[6] 因此，儘管清朝官府無法制止中英關係在 19 世紀 50 年代繼續惡化，清軍也沒能阻止英法聯軍攻陷北京，洗劫頤和園，但清政府仍將災難視為局部挫敗，期望只是暫時的戰敗。有了陸戰的相對勝利，海戰的痛苦落敗似乎微不足道。

1844 年，魏源（1794-1856）的《海國圖志》一書出版，是當時最早和最深入研究鴉片戰爭之後中國海軍實力的著作。作者認為，如果中國想要抵禦外敵入侵，朝廷必須學習西方海軍技術，利用西方技術培訓中國海軍，[7] 但這訊息被視作等閒，在接着的 20 年無人理會。事實上，清朝方面在鴉片戰爭爆發之前是如何認識中英軍事實力強弱的問題，直到晚清都無人出來作全面研究。這種情況持續到 20 世紀 30 至 40 年代，其時距離清朝崩潰已很長時間。幾個史學家通過英國檔案記錄，找到了關於中國軍事防禦弱點的詳細論述，包括現代海軍的匱乏。清政府和中華民國的政治領導人都沒意識到，整個 19 世紀對海軍力量性質的認識有一個根本性的空白，這才是真正的缺失，而這種缺失竟然延續逾一個世紀。

1949 年後出版的歷史著述中，有大量關於鴉片戰爭和欽差大臣林則徐的愛國事跡研究，[8] 許多關於林則徐的溢美傳記都有述及他的過失，但着重描寫他在決定開戰前對敵情的努力研究、雷厲風行地開展禁煙的勇氣，以及面臨進退兩難的境地。有學者試圖研究那些意識到中國有難，但諫言被當作耳邊風的文人學士；也有一些文章描寫廣東和上海郊外普通百姓英勇抗擊強敵的事跡。1995 年，中國社會科學院近代史研究所研究員茅海建的專著《天朝的崩潰》出版，他在書中提出了一個更具體的但不受歡迎的結論：那一代清朝高官，包括欽差大臣林則徐，對沿海防禦和海戰，或者英軍的船堅炮利，沒有做足功課。清政府低估了英軍。否則，他們應該知道中國無力挑戰英國，在沒有充分準備之前，也就不會那麼主動地挑起鴉片戰爭了。真正的教訓與英勇、愛國甚至技術無關，而應該是對清朝建立必要防禦所需的準備工作重新作出全面評估，這是一種包含對海軍的新認知的反思。特別值得一提的是，作者對 19 世紀 40 年代在中國海域活動的所有英國戰艦作了最全面的研究，非此前中國任何同類專著可比。[9]

19 世紀 60 年代，"去打仗"一詞對中國人意味着迎接外敵四面進攻和殊死抵抗；對英國人來説，意思剛好相反，不再與中國交戰，而是幫助中國人維持內部治安，從而能獨力抵禦其他外敵入侵。清廷聘請了若干英國顧問，用現代武器裝備和訓練八旗營，但僅限於陸軍的現代化。曾國藩等清朝軍事家意識到，海軍實力不足是軍事防禦的一大劣勢。他和他的最有創造思想的屬下很快制訂計劃，着手建立一支現代海軍，希望英國施以援手，彌補海軍弱勢。

左宗棠（1812-1885）是太平天國運動之後晚清"中興"的著名將領之一，他對治國當務之急表露出矛盾的觀點，一方面，他力促興建大型造船廠，建造現代軍火庫，創辦海軍學校；另一方面，他被迫大力鎮壓西北新疆地區的回族叛亂，為此不惜犧牲海軍的發展，貸款籌措軍費。左宗棠辯解稱，中國陸上之敵投靠沙俄或英屬印度，圖謀中國陸地領土，而海上之敵僅僅是為了獲得貿易特權。為左宗棠說一句公道話，清廷原本就從未致力於建立一支強大的海軍，雖然沈葆楨（1820-1879）於 1867 至 1874 年間在福州馬尾建立了海軍，有了一個好開始。同樣有意思的是，左宗棠對英國人不滿，他本來指望得到幫助，他們卻不夠積極配合，左宗棠提到，羅伯特·赫德（Robert Hart, 1835-1911）爵士只要求建商船隊，威妥瑪（Thomas Wade, 1818-1895）爵士對幫助訓練海軍人員一事含糊其詞。[10] 失望之餘，左宗棠不再信任英國顧問，轉而向法國海軍軍官尋求幫助，以建立造船設施。

另一方面，沈葆楨又意識到英人精通航海之術，遂聘請英國格林威治皇家海軍學院的海軍軍官做顧問，幫助訓練福州船政局的早期學員。他很精明地選送得意門生留學英倫。他非常清楚日本人也是向英國學習如何訓練海軍與造船的。雖然英法教官合訓最終被證明是錯誤的，不過，當時有一位英國人研究福州船政局 20 年的發展史後，作出如下評論："福州建有一所很好的海軍學校。這樣的學校應建四所。"1884 年，福建水師即將被法國艦隊徹底摧毀，這所學校卻被認為是"中國學校的典範……李鴻章創設天津水師學堂，建立北洋艦隊，他最為倚賴的便是福州船政學堂的畢業學員"。[11] 不過當時，中國的海軍培訓中心不僅有多個，而且除了前面提到的法國軍事支援外，德、美兩國也自告奮勇。清朝官員一直對過多依賴英國懷有根深蒂固的戒心，統一調度海軍建設的努力因之受損。[12]

關於 19 世紀後期的東亞局勢，人們發現一個有趣的問題：同為英國訓練的兩批學生（中國海軍和日本海軍），哪一批學得更好？甲午戰爭爆發前夕，中國名義上有四支海軍艦隊，即北洋、南洋、福建和廣東四支水師。北洋水師負責北方，南洋水師負責山東以南，福建水師和廣東水師各負責其省。這四支水師共有 100 多艘各型艦艇，總排水量 8 萬噸。1894 年甲午戰爭期間，中方參戰主力是北洋艦隊。雙方交戰幾星期，孰強孰弱，自見分曉。中日海軍主力在山東沿海和遼東半島海域一帶決戰，北洋艦隊遭受滅頂之災。[13]

中國海軍船廠和訓練出了甚麼問題？嚴復（1854-1921）畢業於福州船政學堂，後來擔任天津北洋水師學堂總辦一職。1918 年，嚴復回憶羅伯特・赫德爵士在 19 世紀 80 年代說過的一番話，暗示了問題的答案。原話是這樣的：

> 海軍之於人國，譬猶樹之有花，必其根幹支條，堅實繁茂，而與風日水土有相得之宜，而後花見焉；由花而實，樹之年壽亦以彌長。今之貴國海軍，其不滿於吾子之意者眾矣。然必當於根本求之，徒苟於海軍，未見其益也。[14]

甚至中國人自己都忘記了，中國曾擁有世界上最強大的海軍，能造出遠洋巨艦，抵禦敵人的進攻。中國史學家往往將甲午戰爭的失敗歸咎於慈禧太后（1835-1908），認為她肆意揮霍,海軍撥款不足。即便這是失敗的唯一解釋,也只能證實清廷無力適應由海軍戰力組成的新世界。事實上,明清政府忽視海軍力量長達四個世紀之久,當然不會意識到建立一支現代海軍力量是當務之急。

英國人繼續支持海軍的規劃和重建工作。1900 年之後,清朝艦隊的軍旗亮相於大西洋、印度洋和太平洋,基本恢復了往日風貌。但在那時,中國海軍已經沒有本錢吹噓,去充當英美日等國強大海軍的對手,僅堪巡邏河流和沿海之用。1900年,義和團運動激怒八國,八國聯軍派兵解除北京公使館之圍,隨後的許多事件足以說明清帝國根本無力戰爭。不要說海軍已覆沒,陸軍都很少能抵抗。清廷不可能沒注意到,旅居在西方殖民地的中國人捐資,支持外國軍隊解圍北京使館區。顯然,他們不再認同清政府,而贊同西方國家不斷達成的共識:中華文明已經頹廢,無可挽回地式微了。〔15〕

中國統治者病急亂投醫。1900 年後,他們選派官員去以前曾鄙視的敵國日本深造。為甚麼選送官員去日本?自 19 世紀 60 年代起,許多英美學者,包括通曉中文的傳教士,幫助翻譯了大批科學、地理、軍事、政治及法律文獻,供官員、軍官和技術人員閱讀,並為學生去歐美深造提供預備。不幸的是,當時的人竟認為讀幾本代表性書籍足矣。只要這幾本書可供研究,清朝官吏就覺得心滿意足了。為甚麼這類書本的修訂版沒有引起足夠重視?為甚麼新書的系統性翻譯沒有跟上?原因是複雜的。在講述傳教和教育的第四章,我會專門探討這一問題。在這裏,我將着重關注為了學習如何打現代戰爭,清廷轉向日本而不是向英國學習所帶來的直接好處。

首先，對比英國，日本是近鄰，中國人去日本學習費用要節省得多。最重要的是，日本人早已翻譯了自身所需的所有重要軍事書籍和技術手冊。很明顯，日本人在這方面做得很出色，中國人最好還是依葫蘆畫瓢。對中國人來說，學習日文書面語無須另起爐灶，比學其他外語要容易得多，而且翻譯起來省時省力。有大量證據表明，到 1910 年，西方的書籍和文章，包括關於現代戰爭的書籍，中文版已是唾手可得。[16] 此外，有人認為中國人能從日本人那裏獲得更多的文化認同，這倒可以理解。這當中還包括針對共同的西方敵人（包括沙俄與擴張的德國）來實現帝國復興的不切實際的想法，從中暴露出清廷官員是如何絕望。這些西方列強對中國領土垂涎三尺，恨不得把它分割為幾塊小殖民地。無論如何，清政府注意到，出於帝國利益，英國加強了與日本的友好關係，在日俄戰爭（1904-1905）中，日本海軍大勝俄國遠東艦隊，英日關係也起了一定作用。中國人確信，光靠過度擴張的大英帝國的顧問們獲益不大，而從近鄰日本可以學到更多。

1911 年的辛亥革命推翻了清朝統治，本應促使中國人重新思考軍事重點。外國軍事訓練對交戰雙方陣營中許多將領的影響是顯而易見的。他們有些是北洋武備學堂的畢業生，師從英國等西方國家的軍官和軍事顧問；有些則在日本軍校受過訓練後被特聘，為袁世凱組建北洋新軍。袁世凱（1859-1916）是中華民國首任大總統，在這次小規模的軍事復興中受益最大。還有一些曾被湖廣總督張之洞（1837-1909）派去日本學習，這

些人學成後成為湖北新軍的核心。1911 年 10 月 10 日，辛亥
革命在武漢爆發，雙方指揮作戰的年輕軍官是曾在日本軍校留
學的同窗好友。革命黨人的起義被袁世凱的北洋軍鎮壓，隨後
雙方參與政治紛爭的年輕軍官都和日本不無關係。比如，黎元
洪（1864-1928）在督練湖北新軍時，曾幾次赴日本考察軍事。
他是前海軍軍官，1894 年中日甲午戰爭戰敗後放棄軍職，後
在武漢擔任高級軍官。1911 年，他被革命黨人強迫推舉為湖
北軍政府都督。事實上，在隨後 15 年的軍閥混戰時期，為各
大軍閥效力的高級軍官不少接受過日本的軍事訓練。[17]

由此可説，1901-1914 年是中英軍事關係的轉捩點，此後，
英國對中國的軍事改組和恢復的影響已是微不足道。1916 年
袁世凱死後，各地軍閥陷入混戰，在爭奪最高權力的過程中，
另一個問題出現了，混戰完全局限在陸地上，因為缺乏組建
海軍的財力。軍閥頭目如吳佩孚（1874-1939）、張作霖（1873-
1928）和馮玉祥（1882-1948）等覬覦全國首領寶座，深知陸軍
可堪大用，從無需要去顧及海軍。中國的海上威脅確實已經解
除，投入金錢和精力組建海軍的迫切性也就不復存在。中國已
被死死困在陸地，面對海洋，頓感無力。中國的命運已完全受
外國海軍，尤其是英日和後起的美國海軍的擺佈，聽任外來入
侵者在中國沿海橫行，沿長江一路而上。

軍閥混戰的早期恰逢第一次世界大戰，歐洲列強在歐陸戰
場展開殊死搏鬥，中國的軍事形勢發生急劇變化。日軍這時
進佔中國，巧妙挑動歐洲列強內鬥，其兵力一到中國，便站在
遠東表現更為強勢的英法勢力一邊，反對新興強國德國。儘管

中國人聲言中日同屬協約國,但在第一次世界大戰結束後,日本派兵取代戰敗的德軍霸佔了中國山東。此時,中國軍隊力量薄弱,各自為戰。雖有外交家積極斡旋,知識分子和學生上街示威,都無力挽回頹勢。中國也不能指望外國列強來拯救自己於屈辱危難之中。英國是日本的正式盟友,自不會向中國人承諾提供持續幫助。不過,來自英方的建議倒不少,英國銀行、企業家以及英國政府提供了各種零星支援,為中國軍閥提供武器,貸款給他們用於購買軍火,甚至幫助訓練官兵。但這些幫助均屬徒勞,結局令人扼腕。

有趣的是,一開始最可能向英國求助的人恰巧是逐漸失寵於英國之人,他就是孫中山。[18] 孫中山曾在夏威夷和香港兩地接受教育,授課老師是英國人,他的看法趨近於當時居住在大英帝國各地的數以萬計的海外華人。詹士·康德黎(James Cantlie, 1851-1926)是孫中山在香港西醫書院就讀時的醫學老師。1896 年,清政府駐英國公使館拘留孫中山,康德黎設法救出學生。孫中山曾旅居英屬馬來亞兩年半(大致在 1908 年至 1910 年年底),其間得到過英國的庇護。他享有足夠的自由在英屬殖民地和保護國旅行,但當他受到旅居英殖民地華人同胞的推舉愛戴時,便成為不受歡迎的人。孫中山為中國找到了一條軍事救國的路線,學習美法等國的革命模式,使中國從君主制的帝國轉變為現代共和國,這一點使他不被英國人所喜愛。

孫中山的革命軍事鬥爭生涯始於 1900 年,前後持續達 25 年。除戰敗或將領反叛,從海上逃離外(通常乘外國船隻),基本上都在陸地。1920 年，孫中山方獲得幾艘沿海船隻。這反而讓他更加意識到中國海軍力量的薄弱。他期望自己一手建立的黃埔軍校能培養出新一代海軍軍官。孫中山逝世前，正是國共兩黨奪權的早期階段，國民黨"左派"兵變，孫中山被迫逃到一艘戰艦（譯者注：永豐艦）上避難。可以説，孫中山沒有從海軍直接受益。

　　孫中山的軍事活動從未得到英國的支持，且其努力大多毫無收穫。他懷有強烈的民族主義精神，與反西方的日本民族主義者過往甚密，這使他在涉及英國的利益時變得不可靠。此外，孫中山不斷派遣熱忱的支持者，深入華裔英國人以及居住在英國殖民地，尤其是在英屬海峽殖民地、印度管轄的緬甸和澳大利亞的新移民當中，宣傳革命思想。孫中山的活動讓英國官員憂心忡忡，更加擔憂他們統治下的多元社會中的法治問題。在東南亞其他地區，孫中山的追隨者被派到法屬印度支那的海防港、河內和西貢，新一代的年輕民族主義者在馬來聯邦、菲律賓以及荷屬東印度羣島的華人中逐步成長起來。最終，英國不會不注意到新加坡已成為孫中山領導的國民黨在本地區開展愛國活動的半官方基地。這些民族主義者行事謹慎，避免公開地反對英國，但是英國及其他殖民地當局已提高警惕，注意與孫中山有關的一切活動。[19]

　　還有其他的原因令英國表現出懷疑和冷漠，辛亥革命之後，孫中山嘗試了各種政治努力，並試圖組織有名頭的軍閥，組建自己的軍隊，似乎心有餘而力不足。委婉地説，在 1910年代，孫中山的政治抱負屢遭不幸。當時，英國的經濟利益需要穩定的北京政權，即使由一個友好的軍閥統領都可以，孫中山顯然不符合資格。孫中山的日本舊友有自己的如意算盤，他們不僅利用中國的弱點，還想利用中國的資源，使日本成為東亞的主導國。孫中山需要援手說明組建自己的軍隊，使他本人在軍閥時代也成為"軍閥"，這一要求不僅被起初教育他的英國人無視，連使他成為革命者、一度不吝鼓勵的日本人也不予理會。[20]

第一次世界大戰結束後，英國人與中國人的戰鬥能力幾乎沒有甚麼關係，也不關心中國人學習軍事的願望。英國最早向中國介紹現代戰爭的知識，並且率先進入中國，早就得到了想要獲得的大部分利益，面對其他列強，尤其是明治日本、沙皇俄國以及俾斯麥治下的德國的挑戰，英國人開始表現謹慎。英國傾向在清政府尚能維持之時給予幫助，同時尋找合適的可信賴的繼承政權，維持秩序和穩定，確保貿易的正常進行。其主要任務是幫助中國抵禦進一步的干預，防止國家被瓜分。此外，英帝國領地十分龐大，還有來自歐洲鄰國的威脅，自顧不暇，這些都警示英國人不要陷入遠東的軍事糾紛，宜用外交斡旋予以處理。

1911 年，清王朝覆滅。英國在遠東也不復為當年頭號列強。美國對該地區的興趣日增，並早已得出相似的結論：1904-1905 年沙俄戰敗後，美國的首要責任是拯救中國免遭日本人的鐵蹄踐踏。兩國政府共同限制在華日本軍事勢力的擴張，首先是在 1922 年的華盛頓會議上討論山東問題；接着是 1931 年，當日本在中國東北建立偽滿洲國時，美國推動對日本軍事冒險展開調查；此後一段時間，與日本聯手使中國免於落入蘇聯之手。不過，在中國抗日戰爭爆發前的幾十年裏，英美都沒有直接參與中國領土上的戰爭。這一時期，最活躍的在華外國軍官是來自日本、德國、蘇聯或者共產國際的特工。[21]他們具體做了些甚麼，還有很多尚待探索。對他們參與的戰爭則已有很多描述，在此不作贅述。1912-1925 年，中國軍閥混戰，英國人沒有起到任何幫助中國恢復軍力的作用。吳佩孚雖是最後被看好的軍閥，卻無力領導受英國人支持的維穩勢力，英國的援華興趣進一步消退。

在組建一支強大海軍的問題上，英國本可以給與中國最有價值的幫助。不幸的是，隨着中國艦隊在 1895 年甲午戰爭中沉沒，這樣的希望也石沉大海。此後，海軍是中國最沒有機會發展的軍事領域。比如，薩鎮冰（1859-1952）是當時中國僅存的著名海軍上將。甲午戰爭落敗後，他是為數不多的倖存將領之一。他的海軍生涯開始於沈葆禎在馬尾主持設立的福州船政學堂。（譯者注：1866 年，沈葆禎設立福州船政學堂，薩鎮冰年僅 11 歲，考進學校。）此後，他被派往英國皇家海軍學院深造。清朝海軍被日本消滅後，薩鎮冰着手海軍的重建工作。清廷派他率領一支海軍代表團出訪英國時，他憑藉出色的工作受到了英王愛德華七世（King Edward VII）的肯定。後來，他在多個軍閥輪流控制北京政府的情況下，榮升為海軍總長，但依然無力為建立一支強大的海軍作出任何貢獻。不管是他的學生，還是他手下的軍官，都沒有機會在一無建樹的部隊裏建立功勳。[22] 1922 年，薩鎮冰上將離開海軍，出任福建省省長，當時中國沿海海軍事務完全處在出席華盛頓會議的英日美三國的掌控之下。中國人徹底喪失了在自己領海的發言權。這一局面直到中國共產黨於 1949 年取得全國勝利之後幾十年才告結束。此後，中國海軍才翻開了嶄新的一頁。

1937 年之前，中國陸軍建設的根本問題是如何恢復培養有戰鬥力的士兵，以備政府軍不僅能打敗地方軍閥的叛亂，還可以在恢復國家主權的條件成熟時，在中國領土上打敗外國軍隊。[23] 不管是孫中山及其蘇聯顧問，還是蔣介石（1887-1975）及其德國指揮官，都不懂得如何恢復中國以往的軍事傳統，尤其是 1800 年以前滿族八旗驍勇善戰的可怕軍事技能。諸如黃埔軍校之類的院校、各省建立的中小軍校和講武堂裏，都只傳授新的作戰方法，以及如何使用新式武器。這些學校主要培訓軍官如何擊敗眼前的敵人：北伐戰爭討伐的軍閥和江西蘇維埃共和國的共產黨軍隊。中國從沒有足夠時間和資源建立職業軍人的新傳統，也沒有培育必要的職業自豪感，以克服歷史的惰性，吸收聰明的年輕人參軍。

兩大因素為再次激發中國人的戰鬥精神打下了基礎。首先，動員農民既投身愛國的抗日戰爭，又以最好的傳統方式，反抗地主和貪官污吏，用革命的新話語來說，跟帝國主義及其漢奸走狗資本家作鬥爭。這並不是一個偉大的軍事傳統，但中國共產黨軍隊 1935 年向西北地方進行長征之後，從中獲得的經驗恢復和豐富了舊有的軍事思想，那就是弱勢軍隊開展遊擊戰可以擊敗正規軍，必要時集中優勢兵力打殲滅戰。[24] 其次，從 1941 年日本偷襲珍珠港那刻起，一個新的太平洋強國崛起了。美國決心為重慶國民政府實現中國軍隊現代化提供全面支援。

但世界形勢並不簡單。一方面，大英帝國開始以英聯邦的身份重新出現。另一方面，以歐洲大陸上結成的反德大西洋聯盟為突出標誌，一個非正式的帝國正在形成，以承擔大英帝國於 19 世紀在世界範圍內建立的部分責任。美國人一手建立"事實上的帝國"，在遠東周邊起步，最後取代貨真價實的大英帝國，接管了原有的中英關係。而中美交往之深，英國連想都沒有想過。在更大的全球框架下，這種觀點會帶來可靠的視角。溫斯頓・邱吉爾（Winston Churchill, 1874-1965）戰後寫作了《英語民族史》，絕非偶然。隨着英帝國的版圖不斷縮減，英國的命運與歐洲大陸緊密連繫在一起，英國內部不乏有識之士鼓勵善待退出帝國的這個殖民地（或 13 個殖民地）。20 世紀 50年代，英國的大學興起美國學研究，這標誌着研究視角上發生了顯著的轉向。英國人認識到美國文學家和政治家值得仔細研究，進一步承認美國人研究英國史、歐洲史和時事方面的學術成就，這證明邱吉爾所言非虛。美國建立的財富和權力新標準，贏得越來越多英國人的仰慕，無論是心服口服，還是口是心非。

相應地，羅斯福（Franklin D.Roosevelt, 1882-1945）總統與繼任總統克服了美國歷來對介入舊世界事務的厭惡情緒，在20 世紀之交終於向東亞硬塞給自己的"天命"，邁出了最後一步。這是一條不歸路！除了向英國人學習，繼承他們的步伐，還有甚麼更好的辦法來挑起"白人的負擔"？毋庸置疑，這裏沒有完全合身的衣缽；美國毫無疑問需要以新的方式演繹"打仗、貿易、傳教和統治"的故事。但英國積累的很多經驗，依然可行的制度結構，可充當創建更多非正式的、具有同樣彈性的關係的基礎。就中國和中國人而言，還有很多顯著的歷史和地理差異，不得不加以考慮，這些因素直接影響到美國人在參與中國事務中能夠和願意作出的軍事承諾。

因此，1937年中國抗日戰爭爆發後，中英關係中的"去打仗"便有了新內涵。珍珠港事件之前，英美對華軍援既少又低調，大多秘密進行。他們都對那雙重威脅極其敏感：一方面是來自日本法西斯軍國主義和德國結盟的威脅，另一方面是蘇聯國際共產主義的威脅。他們認為通過扶持國民黨，藉以抵禦這兩個英美利益和政治文化的敵人，就能最大限度地幫助中國。羅斯福比邱吉爾更加期望建立一個強大而統一的中國，它足以抗擊這些敵對勢力，進而成為長期盟友。這個目標值得為之奮鬥，美國有理由投入金錢和資源，武裝和訓練國民黨的陸軍和空軍。[25] 當務之急是牽制在華日軍，以利於驅除日本在亞太其他地區的勢力。長遠來看，美國希望得到新援的國民黨軍隊能夠擊敗共產主義者，由以蔣介石為首的親美政府統一中國。

自1895年中國在甲午戰爭中失敗後，海軍就被邊緣化。外國勢力完全控制了中國領海，而軍閥們為了陸地上的霸權彼此爭鬥。英國繼續出售或幫助建造小型艦隻，幫助訓練資金不足的海軍和海岸部隊。軍閥連年混戰，1928年以後國民黨雖北伐成功，但飽受內戰之苦，一直沒有得到資源振興中國的海軍。隨着日軍入侵，中國的海路被完全封鎖。中國海岸沒有一處可說處於中國的管轄之下。如果還有戰事,中國也只能打陸上防禦戰,這是前所未有的。中國軍隊從來沒有像現在這樣與海上事務無緣。不僅海軍異常虛弱,大敗虧輸,而且對外國盟友的依賴也是空前絕後的,中國指望後者的海軍能擊敗強敵,以解燃眉之急。對於中國來說,唯一的辦法是割地換取苟延殘喘,就像沙皇俄國面對拿破崙軍隊時那樣。但中國跟俄國不同,中國海岸線綿延萬里,不凍良港為數眾多,一度擁有一支令人生畏的海軍。中國本應利用英國的海軍技術,卻沒有抓住機會,結果就像一頭在沙灘上擱淺的受傷的鯨魚一樣坐以待斃。幫助它重新浮起的難道是美國人?

第二次世界大戰以盟軍勝利告終,但中華民國國民政府沒能阻遏共產黨軍隊。國民黨軍隊的一批水兵曾在戰前和大戰期間受過英國訓練。國民黨啟用了這批海軍,還得到美國大規模援助,運送整個國民黨軍隊去阻止共產黨遊擊隊前往佔據原日佔區。1945-1949 年間,一支由英美重新裝備的小型海軍與日本戰敗後遺留的艦隻整編在一起。這支日本小艦隊和得到英美支援的軍船總數約 400 艘,250 多艘應該處於戰備狀態。這支拼湊的艦隊總噸位約 19 萬噸,艦員逾 4 萬人。但運送國民黨軍隊到東北等戰鬥前線,主要由美國船艦和飛機完成。據當時中方報導,美軍運送了 54 萬國民黨將士。據信,這支海軍足以封鎖從福建到遼東半島的海岸線。舉個例子,第二艦隊有 9 艘軍艦於 1949 年反水落入共產黨之手,其中有 6 艘就被效忠國民政府的海軍擊沉。國民黨海軍餘部足可擊退中國人民解放軍在浙江沿海登步島發起的登陸進攻。國民黨軍隊也在金門島取得了大捷，解放軍遭受巨大傷亡，損失兵力逾9000人。[26]
但這些勝利不可能挽救國民黨的落敗。

當戰局開始對南京國民黨政府不利時，海軍還被徵調他
用，以轉移撤退的陸軍部隊、政府高官以及國寶級文物到台
灣。但外國海軍在中國內河航行的終結即將到來。英國海軍與
共產黨軍隊的最後交手被稱為"紫石英號"事件（又稱揚子江
事件）。英國可以強調英軍撤退不失風範，水兵勇氣可嘉，中
國人則可以對英國殘存的傲慢義憤填膺，但109年前"鴉片戰
爭"開啟的中英"打仗"階段正式告一段落。[27]中國人民解放
軍沒有部署海軍部隊，是因為沒有海軍。"紫石英號"事件促
使華東軍區創建中國人民解放軍的第一支海軍部隊。虛擬的海
軍將司令部設在江蘇泰州白馬寺，就在當年解放軍炮擊英國海
軍遠東艦隊"紫石英號"護衛艦的北邊。國民黨海軍第二艦隊
和第五巡防艇隊投誠後，華東軍區接收了炮艇，不久海軍建設
獲得實質性啟動。

1949年12月，蕭勁光被任命為中國人民解放軍海軍司令
員。解放軍海軍部隊奉命向蘇聯海軍學習。蕭勁光畢業於黃埔
軍校，沒有海軍背景，但曾留學蘇聯八年。不過，他的主要副
手於1953至1957年間赴伏羅希洛夫海軍學院學習，之後大多
數接替他們的現役將領都被派往蘇聯深造。蘇聯方面受邀向中
國派出數百名軍官和軍事專家，1951至1953年間，約150名
中國軍官被送到蘇聯接受培訓。

這是中國海軍的另一個新開端。[28]共產黨軍隊是現代的
農民起義軍，他們受遊擊戰術的鍛鍊，強烈的政治理想鼓舞，

而現代軍事訓練和武器裝備大大地增強了其戰鬥力。除解放海南島戰役外，1949 年解放軍取勝都依靠陸戰。他們的確繳獲了國民黨海軍的艦隻，但對英美日三國的海軍傳統和技術卻毫無所知。作為解放軍最強大的盟友，蘇聯的海軍力量並不出名，可是蘇聯人不得不硬着頭皮接手。蘇聯在符拉迪沃斯托克的太平洋艦隊能幫上忙，早年沙俄強行"租借"遼東半島旅順口（西人名之為"亞鎖港"），其他艦隻就停靠在這裏。不過這另當別論。鑒於中英新關係建立在台海局勢上，海軍變得越來越重要，中國將面臨挫折，接受各種挑戰。

英國從長江水域撤退後，在香港採取中立政策。靜觀中國海軍是否效忠國民黨政府，觀察究竟有多少戰艦會追隨當局出海，真是當時一大節目。當時，中國海軍內部暗鬥不止，南京政府對許多海軍軍官不信任，英國約束在華南沿海的海軍行動在所難免。大批國民黨海軍軍官投共，培養新一代可被信賴的軍官尚需時日。然而，小型海軍部隊如今分佈海峽兩岸，他們的軍力標誌着其在中國現代史上的華麗轉身。自 17 世紀明代福建商人航海家鄭成功創建中國歷史上第一支遠洋海軍並在台灣建立基地始，中國還從未具有如此有效的海軍戰力。國民黨撤退到台灣，為中國人創造了一個海戰的新機遇。最終，中英兩國的紐帶可以聚焦於英國傳統最偉大的力量上，就這一點來說，美國也是如此。由此中國人將以根本不同的方式重新審視安全與戰略。

但最大的諷刺也在這裏。在中英休戰數十載之後，在接班人美國加強國民黨軍隊以打擊日軍和其他中國人之後，大陸中國人重視建設海軍的機會和需要最終來臨了。國民黨盤踞馬祖和金門等島嶼，這一殘局卻象徵着中國海軍的新開端。既然中華人民共和國無法攻下這些島嶼，制訂攻台新計劃便迫在眉睫。這要求建立一支現代海軍。朝鮮戰爭結束後，美國在台灣海峽部署有第七艦隊，直接威脅到毛澤東領導的新政權。全球冷戰的緊張局勢升級，促使美國將中國南海及其以南的海域作為新前線。這條戰線包括東南亞和澳大利亞。

中國人民解放軍確實從蘇聯那裏學到不少本領，例如空軍設計、導彈武器和核工程產品。中蘇蜜月維持了至少十年，受到雙方高度重視。但中蘇均為陸上強國，有世界上最長的邊境線，在歐亞大陸上的國家利益彼此相左，雙方的友好關係難以持久。十年之中，雙方發現固有的矛盾越來越難以消受。蘇聯作為一個超級大國，需要安撫其他地區，中國的特定關切不總是符合蘇聯利益。只要蘇聯比中國強大，而又不能絕對主宰中國，中蘇兩大共產主義國家分道揚鑣就是不可避免的。[29]不論如何，蘇聯在 1960 年撤走援華專家，封鎖核心技術，極大地削弱了中國國防建設。"文化大革命"結束後，鄧小平提出改革開放的政策，此時中國才得以再次思考將來如何保家衛國。

由於篇幅所限，在此不宜詳談中國軍事史。就戰爭而言，我只想強調中國人對中英關係的各種複雜反應。英國是中國近代遭遇的第一個敵人，但清廷樂意向英國學習如何增強武裝力量，包括海軍力量。不過強軍沒有成功，中國被迫破罐破摔，苟延殘喘，捱過了接下來的 60 多年。即便英國軍事處於鼎盛時期，中國人也未能改弦更張，對海軍重視起來，其後便發現英國對於增強中國的戰鬥力越來越漠不相關。也許有人會說，既然如此，故事到此結束。但我有兩個理由斷言那裏蘊含着中國海軍的新開端。中國海軍的形象，從蹣跚學步到一蹶不振，到形同虛設，再到 1949 年後海峽兩岸分庭抗禮，反映了中英戰爭方面交往的不同層面，對此我們不應忽視。從中，我們發現了中國過去所有、現在還在經歷的模糊不清，同時我們也看到了英國在亞洲和誘人的大西洋之間的搖擺不定。

也許最重要的問題是，中英關係經歷從大西洋國家英國到太平洋國家美國的兩級跳躍之後，中國政府是否將從根本上改變陸戰傳統，去擁抱海上強權，迎接海上多重挑戰。台灣與大陸的統一是個棘手的問題。光陰似箭，中國可能不得不改變單純加強海軍的做法，而愈加準備使用彈道導彈去克服內在的海軍弱勢。但即便如此，要使中國近期發展一支藍水海軍的步伐減緩下來是不大可能的。中國擁有很長的海岸線，長遠來看，不可能捨棄可靠的海上防衛力量。隨着這種海軍力量的增強，更多的中國海軍軍艦可望使用南海的航道。這將對南沙羣島的控制和最終分享歸屬產生影響。英國給過中國人教訓，絕不應該聽任海防軟肋遭到外敵進犯，中國人現在不可能輕易忘卻。既然如此，發展中國海軍就是不二選擇。[30]

有足夠證據表明，中國人需要時會面向大海的。這是一個能否作出舉國擔當的問題。中國大批海軍軍官從華北、華中和西部招募，這證明了水兵只能出身沿海地區是一種妄言。不過，有充分跡象說明，指揮當地小而精海軍的台灣地區和新加坡年輕人，對於海軍職業生涯的反應是積極熱烈的。他們當中的很多人祖上來自福建南部。幾百年以來，那個地區產生了大批勇敢的海員，走南闖北，建功立業。

將生活在亞洲東南部的閩南人比作 16 至 17 世紀的荷蘭人和葡萄牙人，並不是一樁異想天開的事情。他們的命運在於面向大海尋求出路。如果不是牢牢植根於土地的傳統農業觀念束縛了他們的心靈，他們本會在那個方向得到系統的發展。儘管人們總是讚賞閩南人對海防的貢獻，但實際上閩南人提供的資源在過去並沒有被帝國當權者充分利用。不過，官方對其才華的忽視並沒有阻礙閩南人發揮其從事海外貿易的特長。[31] 他們跟英國人的商業傳統更有共通之處。在這個領域，中英關係本應更加富有成果。這把我們帶向韋利提出的四個詞語中的第二個 —— 貿易。

注　釋

〔1〕 羅榮邦（Lo Jung-pang）：《宋末元初中國作為一個海上強國的崛起》，《遠東季刊》，1955 年，第 14 卷，第 489-503 頁。

〔2〕 信回教的太監、艦隊統帥鄭和率領部下六次大規模遠征，明成祖朱棣（永樂皇帝）的孫子 —— 宣德皇帝（1424-1435）詔令第七次遠征，至此海上遠征終結。馬歡：《瀛涯勝覽》（1433 年），米斯（J. V. G. Mills）為哈克路特學會翻譯，劍橋：劍橋大學出

版社,1970 年;戴聞達(J. J. L. Duyvendak):《馬歡重考》,荷蘭皇家科學院院刊,第 3 期,第 32 頁,1933 年。最新著作來自露意絲・雷瓦西(Louise Levathes):《當中國稱雄海上:宮廷的寶藏艦隊(1405-1433)》(紐約:西蒙 – 舒斯特出版社,1994 年)。

關於 16 至 17 世紀的軼事,有三本有趣讀物。蘇均煒(So Kwan-wai):《16 世紀中國明代的日本海盜活動》(東蘭辛:密西根州立大學出版社,1975 年)。布斯・史允遜(Burce Swanson):《龍的第八次航行 —— 一部中國尋求海上強國的歷史》(安納波利斯:海軍協會出版社,1982 年)。拉夫・克羅澤爾(Ralph C. Croizier):《國姓爺與中國民族主義:歷史、神話與英雄》(劍橋:東亞研究中心,哈佛大學出版社,1977 年)。

〔3〕 英國馬嘎爾尼使團訪華兩百周年之際,人們再度聚焦中英關係的這段歷史。阿蘭・佩雷菲特(Alain Peyrefitte)在《停滯的帝國》(紐約:克諾夫 – 蘭登書屋,1992 年)一書(簡・羅斯柴爾德(Jan Rothschild)譯自法文本)中運用了文化衝突的研究方法。何偉亞(James L. Hevia)在《懷柔遠人:清代禮賓與 1793 年馬嘎爾尼使團》(特勒姆:杜克大學出版社,1995 年)一書中的研究更加非傳統,提供了全新視角。

〔4〕 張馨保(Chang, Hsin-pao):《林欽差與鴉片戰爭》(劍橋:哈佛大學出版社,1964 年)。一份有關三元里人民抗英鬥爭的史料彙編,描述了當時的態度和後來的解釋,參見廣東省文史研究館編:《三元里人民抗英鬥爭史料》(北京:中華書局,

1978 年）。

〔5〕 魏斐德（Frederic Wakeman, Jr）：《大門口的陌生人：1839-1861 年間華南的社會暴亂》（柏克萊：加利福尼亞大學出版社，1966 年），孔飛力（Philip A. Kuhn）在〈太平天國叛亂〉，載於費正清（John. K. Fairbank）編：《劍橋中國史》第十卷，第一部分（劍橋：劍橋大學出版社，1978 年），第 264-317 頁，和《中華帝國晚期的叛亂及其敵人：1796-1864 年的軍事化與社會結構》（劍橋：哈佛大學出版社，1964 年）中提供了更多的史實。

〔6〕 劉廣京（Liu Kwang-ching）：〈清朝中興〉，載於費正清編：《劍橋中國史》第十卷，第一部分，第 409-434 頁及第 456-477 頁；安德魯・威爾遜（Andrew Wilson）：《"常勝軍" 戈登在華戰績和鎮壓太平天國叛亂史》（愛丁堡：威廉・布萊克伍德父子出版社，1868 年）；解維廉（William Hail）：《曾國藩與太平天國》第二版（紐約：派勒根圖書再版公司，1964 年）。

〔7〕 李歐娜（Jane Kate Leonaurd）：《魏源與中國對海上世界的重新發現》（劍橋：哈佛大學東亞研究理事會，1984 年）。

〔8〕 中國歷史學會齊思和等人編：《鴉片戰爭》（上海：神州國光社，1954 年）。在這六卷本中可找到這方面最詳盡的記載。一部關於林則徐的影片備受矚目，該片拍攝地在上海，1961 年公映。在台灣出版的最全面的傳記有兩本。一本傳記的作者是林崇墉（台北：台灣商務印書館，1968 年）；另一本的作者是楊國楨（北京：人民出版社，1981 年），他是林則徐的福建同鄉，廈門大學歷史學家。林則徐的詩歌、書法、書信、日記被收錄

於全集（1962 年）。林則徐是 19 世紀的一位民族英雄，一直
受到海峽兩岸人民的敬仰。

〔9〕 茅海建：《天朝的崩潰：鴉片戰爭再研究》（北京：三聯書店，
1995 年）。20 世紀 30 年代南京國民政府統治時期，蔣廷黻
在其著作《中國近代史》（上海：譯文出版社，1938 年）中就
林則徐對英國的理解提出質疑。他研究英國外交部資料，出版
《近代中國外交史料選輯》兩冊（上海：商務印書館，1931 年
及 1934 年），提出這種質疑。茅海建閱讀面極廣，他不僅閱
讀蔣廷黻的著作，還涉獵其他梳理過中外史料的歷史學家的專
著，進而提出更敏感的問題。他參照林則徐對軍事時局的看
法，進行深入研究。他的結論是沒有證據表明林則徐從被英國
海軍擊敗中吸取教訓，之後也沒有。茅海建的觀點，尤其是他
咄咄逼人的寫作風格，使他得不到中國社科院方面的垂青。他
被要求修改強烈的批判性觀點。他堅持個人的學術觀點，該書
最終得到由著名歷史學家組成的專家組的肯定，推薦給北京三
聯書店，在哈佛燕京學術系列中出版。

〔10〕 龐百騰（David Pong）：《沈葆楨與 19 世紀中國的現代化》（劍
橋：劍橋大學出版社，1994 年），第 134-244 頁。與羅伯特・
赫德（Robert Hart）自己的話作一比較："我想讓中國變得強
大，使英國成為中國最好的朋友。"見費正清編：《劍橋中國史》
第十卷，第一部分，第 516 頁。

〔11〕 龐百騰：《沈葆楨與 19 世紀中國的現代化》，第 224 頁。

〔12〕 池仲佑編：《海軍大事記》，1918 年。該文收錄於左舜生選編
的《中國近百年史資料續編》初版（上海：中華書局，1933

年），本文依據《民國叢書》第五編，第 66 冊（上海：上海書店，1996 年重印本），第 323-363 頁。約翰・羅林森（John L. Rawlinson）在《中國發展海軍的奮鬥（1839-1895）》（劍橋：哈佛大學出版社，1967 年）一書中對該文和同時期文獻作了研究。

〔13〕羅林森：《中國發展海軍的奮鬥（1839-1895）》，第 167-197 頁。史允遜：《龍的第八次航行》，第 103-112 頁。彭葆存：《中國海軍》，台北：海軍出版社，1951 年。

〔14〕嚴復為池仲祐編的《海軍大事記》初版所寫的弁言，後收錄於左舜生：《中國近百年史資料續編》，第 323-324 頁。

〔15〕兩種對立的態度見之於同時期的歷史著作：史密夫（A. H. Smith）：《動亂中的中國》（紐約：雷維爾，1901 年），新近的兩本論著，周錫瑞（Joseph W. Esherick）：《義和團的起源》（柏克萊：加利福尼亞大學出版社，1987 年），以及柯文（Paul A. Cohen）：《歷史三調：作為事件、經歷和神話的義和團》（紐約：哥倫比亞大學出版社，1997 年）。關於中國缺乏強大海軍而得到的教訓，見史允遜：《龍的第八次航行》，第 113-125 頁。

〔16〕第二次世界大戰之前，實藤惠秀（Saneto Keishu）最早着手這方面研究。他最有名的專著是《日本文化對中國的影響》（東京：雪書院，1940 年），第 3-39 頁。

〔17〕陳志讓（Jerome Chen）：《袁世凱》第 2 版（史丹福：史丹福大學出版社，1972 年），薛立敦（John E. Sheridan）：《解體中的中國：中華民國時期，1912-1949》（紐約：自由出版社，

1975 年），白魯恂（Lucian Pye）：《軍閥政治：中華民國現代化進程中的衝突與聯盟》（紐約：普雷格出版社，1971 年）。

〔18〕史扶鄰（Harold Z. Schriffin）：《孫中山和中國革命的起源》（柏克萊：加利福尼亞大學出版社，1968 年），韋慕庭（C. Martin Wilbur）：《孫中山 —— 壯志未酬的愛國者》（紐約：哥倫比亞大學出版社，1976 年），黃宇和（J. Y. Wong）：《一個英雄形象的起源：孫中山在倫敦，1896-1897》（香港：牛津大學出版社，1986 年）。

〔19〕許多關於孫中山的傳記研究證實了他的海外活動。關於孫中山在英屬馬來亞活動的最全面的研究，見顏清湟編：《海外華人與辛亥革命》（吉隆坡：牛津大學出版社，1976 年）。另有研究追溯了孫中山對於後來及更激進政治的影響。楊進發（C. F. Yong）、R.B. 麥肯納（R. B. Mckenna）合著：《英屬馬來亞的國民黨運動（1912-1949)》（新加坡：新加坡大學出版社，1990 年）。楊進發：《馬來亞共產主義的起源》（新加坡：南海出版社，1997 年）。

英國人也意識到孫中山在加拿大和美國的影響力。儘管威脅不大，但孫中山在廣州的跟隨者與日俱增，令香港當局和南方各大通商口岸極為擔心。馬伊芙・阿門特勞特（L. Eve Armentrout-Ma）：《西半球的中國政治（1893-1911）：美洲改革者和革命者的對抗》（博士論文），加利福尼亞大學戴維斯分校，1977 年；密西根大學安奈比分校：大學縮微膠捲出版公司。該篇論文經過修改後出版，題為《革命者、君主主義者和唐人街：美洲的中國政治和辛亥革命》（檀香山：夏威夷大學出版社，1990 年）。

〔20〕對於日本人，馬里厄爾・詹遜（Marius B.Jansen）的著作仍最權威：《日本人與孫中山》（劍橋：哈佛大學出版社，1990 年）。

〔21〕韋慕庭、夏連蔭（Julie Lien-ying）：《革命傳教士 —— 蘇聯顧問與中國民族主義者（1920-1927）》（劍橋：哈佛大學出版社，1989 年）。史華慈（Benjamin I. Schwartz）：《中國共產主義和毛的崛起》（劍橋：哈佛大學出版社，1951 年）。

〔22〕薩鎮冰在他的家鄉福州卻極受敬重。王植倫、高翔：《薩鎮冰》（福州：福建教育出版社，1988 年）。史允遜：《龍的第八次航行》，第 113-166 頁。

〔23〕對於 1949 年之前的中國軍事，伊雲斯・卡爾森（Evans Carlson）的早期著作仍可一讀：《中國軍隊：組織與軍事效率》（紐約：太平洋關係研究所，1940 年）。同時期的權威著作參見劉馥（Frederick, Fu Liu）：《中國現代軍事史（1924-1949）》（普林斯頓：普林斯頓大學出版社，1956 年）。關於整個現代化的故事背景和訓練現代軍隊的大量努力，參見劉鳳翰：《新軍志》（南港（台北）：中央研究院近代史研究所，1967 年）。

〔24〕查默斯・約翰森（Chalmers A.Johnson）：《農民民族主義與共產黨權力：革命中國的興起（1937-1945）》（史丹福：史丹福大學出版社，1962 年），迪威爾遜（Dick Wilson）：《長征（1935）》（倫敦：漢密爾頓出版社，1971 年）。

〔25〕芭芭拉・塔奇曼（Barbara W. Tuchman）：《風沙：史迪威與美國在中國的經驗（1911-1945）》（倫敦：麥克米倫出版公司，

1971 年）。陳香梅和宋美齡另外記錄了中國對於美國參戰的好感，陳香梅：《陳納德和飛虎隊》（紐約：埃里克森出版社，1963 年），宋美齡：《這是我們的中國》第 2 版（紐約 – 倫敦：哈珀兄弟出版社，1940 年）。

〔26〕史允遜：《龍的第八次航行》，第 179-192 頁；楊國宇等人編：《當代中國海軍》（北京：中國社會科學出版社，1987 年），第 10-34 頁及第 155-223 頁。"重慶號"巡洋艦叛逃投共事件值得一提。1948 年，曾在英國受訓的軍官將巡洋艦開回國內。1949 年 2 月 25 日，全艦官兵起義，該艦由吳淞口駛向煙台。4 月，國民黨海軍第二艦隊在南京起義。經過挑選，超過 4000 名國民黨官兵被編入解放軍海軍。自到 1955 年，解放軍才收復除靠近台灣的媽祖、金門及澎湖列島之外的所有島嶼。

〔27〕瑪律科姆・梅菲（Makolm H. Murfett）：《長江人質：中英"紫石英號"事件》（安納波利斯：海軍學院出版社，1991 年），第 55-60 頁及第 213-236 頁。共產黨認為英國已派海軍阻止解放軍橫渡長江，遂向所有英國艦隻開炮，黃港洲：《張愛萍與海軍》（北京：海潮出版社，1991 年），第 33-34 頁。

〔28〕楊國宇主編：《當代中國海軍》，第 47-49 頁、第 68-83 頁。

〔29〕當奴・薩戈里亞（Donald S. Zagoria）：《中蘇衝突（1956-1961）》（普林斯頓：普林斯頓大學出版社，1962 年）。威廉・格里菲（William E.Griffith）：《中蘇分裂》（倫敦：愛倫和愛文出版社，1964 年）。

〔30〕海上開拓所產生的影響有待充分研究，由冀（You Ji）的兩篇論文概括了隨之出現的問題。由冀：《導彈外交與中國國內政

治》，載於葛列・柯士甸（Greg Austin）主編：《導彈外交和台灣的未來》，《坎培拉戰略與防禦論文集》，第 122 輯（坎培拉：澳大利亞國立大學戰略與防禦研究中心，1997 年），第 29-55 頁。由冀：〈藍水海軍重要嗎？〉，載於大衛・古德曼（David S.G.Goodman）、格里・西格（Gerry Segal）合編：《中國崛起：民族主義與相互依賴》（倫敦－紐約：勞特利奇出版社，1997 年），第 71-89 頁。

〔31〕有關閩南人海上經商之道與興趣的背景知識，詳見王賡武：《沒有帝國的商人：旅居海外的閩南華人羣體》，載於詹士・特雷西（James D. Tracy）主編：《商業帝國的興起：近代早期的長途貿易（1350-1750)》（劍橋：劍橋大學出版社，1990 年），第 400-421 頁。

三 "去貿易"

第二章最後部分，我描繪了第二次世界大戰前夕，英國海軍力量衰退，美國在太平洋地區崛起的畫面。這並不意味着英聯邦對華關係已是日薄西山，雙邊軍事交流可以這樣説，貿易方面絕非如此。相反，在英聯邦的其他地方（澳大利亞等國）、大英帝國的殘餘殖民地，像香港地區、馬來亞（包括新加坡），外加以英語為母語的北美新經濟強國，對華貿易有了新的開端。英國商人和官員在亞太地區留下了各種經濟體系和組織，準備推進和繼續全球化使命。中國如何應對，才是問題所在。

讓我先對比兩份史料。首先，中國大陸人與英國島民的生活迥然不同。難怪兩國發展了不同的貿易方法。但從地理位置、對政治狀況的反應及人力資源的角度來看，有些中國人跟其他歐洲人頗為接近。例如，我在早前的著述中，曾將生活在福建東南部的閩南人（也可以包括珠江三角洲一帶的廣東人）與 16 至 17 世紀的荷蘭人、葡萄牙人加以比較。幾百年中，他們的命運都是身處大陸一隅，心向海洋。荷葡兩國統治者以海軍為後盾，向海外派出商人，從而擺脫了陸地鄰國的控制。然而，中國封建統治者和官員抱持根深蒂固的小農經濟觀，閩粵兩地有事業心的商人受到重重阻礙，他們冒着巨大風險，積極向海外發展。[1]

　　不過，閩粵人還是發展了海運經商之道，並在需要時向帝國當局奉獻航海天賦。但是，天朝統治者對這些技能並不重視。官方態度的冷淡，並沒有阻礙閩粵人利用本地經驗與荷葡商人保持貿易往來。而這些來到中國沿海的外商，同前者一樣，也是大陸邊緣的居民，歷經艱難，成為海洋的主人，從而克服了陸地上的不利條件。幾個世紀之前的 10 世紀，閩粵人分別建立了獨立的閩國（909-945）和南漢（917-971），在遠洋貿易上一試身手。他們的貿易穿越南海，深達印度洋，經商之術足堪匹敵印度、波斯和阿拉伯商人。明王朝（1368-1644）統一全國後，推行大陸型貿易政策，遠洋貿易遂告終止。[2] 新的政策建立在這樣一種觀念之上：以中國市場之廣大，外國君主商人必定垂涎，因此不讓本國沿海商賈出海，而讓外商前來中國並承擔所有風險，有利於王朝長治久安，經貿官員也可謀取更多私利。惹事之徒，無論國籍，皆為利來，假使鉗制住經商行為，江山社稷豈非安穩常駐？

　　第二份史料跟當下有關，有關各方在是否接納中國加入世貿組織的辯論中，將中國描述為最後有待開墾的市場處女地。當時，美國國會最終克服強大的道德和政治阻力，投票同意給予中國永久正常貿易關係地位。這讓我想起人們總說中國有"四萬萬名顧客"。以此為題的著作大約在 1937 年才出版，但對於實現工業化的西方國家而言，至少再早 100 年，人們就已將中國看作一塊巨大的商業處女地了，[3] 既然中國的現有人口是以前的三倍（13 億），開發這塊最後處女地就較以往任何時候都有號召力。從作出開放中國市場的決定，往前回溯到歐洲商賈叩響中國市場之門的幾百年，毫不奇怪，中國沿海民眾期盼從海上貿易獲利，而中國歷朝政府則認為貿易關乎大局，不可交由商人處辦。提醒各位，從葡萄牙人到華經商，到發生鴉片戰爭，歷經 320 多年，西方人才強力打開中國市場。1949 年，中國市場再次關閉，距離上一次對外開放 100 年有餘。到 1978 年改革開放，中國市場再次敞開，其間又是 20 多年。中國貿易之爭持續幾百年，我們應當明瞭，爭論焦點無非權力和安全，為了江山社稷穩定，再度關閉對外貿易也是小事一樁。基於相同的原因，1978 年之後，中國市場又被小心翼翼地開放，貫穿 20 世紀 90 年代；有時，又仍像英國人早在 19 世紀就領教過並為此深感不快的人為控制的貿易體系。當然，隨着中國加入世貿組織，新的一頁翻開了。不過，中國經濟開放程度要達到某些企業的要求，恐怕尚需時日。

有了對這些背景知識的了解，我們再來看"貿易"。"貿易"訴求比"戰爭"準備始終更關乎英國的利益。這就存在一個悖論。一方面，英國背負對華發動近代一輪輪戰爭的歷史包袱；另一方面，檔案記載英國曾極力阻止任何抑制其對華貿易的戰爭。中國人深知這兩點。這種反差形象符合中國需要，因為需要一個象徵，去統一易於陷入分裂的國民，同時需要一個激勵，去讓華商利用自身長期積累的商業手段和網絡，以和平方式壓倒英國同行。華商當然明白他們與英國的商業傳統可以有多少的共通之處。跟戰爭不同，中英兩國在商業領域是可以取得更多的成果的。而中國官僚階層震驚於海外商企創造的巨大財富，這促使其重新審視華商地位不高的問題，重新定義華商在中國社會發展中的角色。

如今，華商已經躋身世界億萬富翁企業家之列。許多成功人士社會地位高，廣受欽佩。他們的從政之路已極大改善，時常受到國內外政界領導人的垂詢。很難相信，不久前華商還被當權者鄙視。幾百年來，他們的經商行為受限，不被允許邁入政治殿堂。這一情勢在 20 世紀發生了重大變化。企業家階層如今在政治上確立的地位在千禧年伊始是不可想像的。他們一度落入皇權、廷臣和士大夫的股掌，現在許多人成為權力系統的基本部分。經過千百年徒勞爭取社會地位之後，進入 20 世紀，華商跟當政者的關係開始發生改變。許多商人仍白手起家，但更多的人受教育程度提高，接受了各種正式培訓。社會日益期待他們扮演公眾角色，其中一些角色為他們在新千年成為權力結構的夥伴鋪平了道路。

那麼，我為甚麼先寫戰爭篇，而非貿易篇？畢竟，中英交戰前雙邊貿易至少持續了兩個世紀。18 世紀中後期，英國人和他們經辦的東印度公司就沒東西教給中國人嗎？在那以後，英商難道落伍了嗎？如果華商早點學到英商做派，也許就不會干戈相向了。答案是簡單的，在 19 世紀中葉之前，中國人並不這麼認為。直到 19 世紀末，中國人才承認英式貿易值得一學。甚至今天，仍有很多人爭辯説學習不應是單向的。中國人諳熟經商，對現代商界有諸多貢獻。[4]

如今，就戰爭而言，中國毫無疑問不得不學習英國的軍事傳統，並將在今後很長的一段時間裏，向操英語的美國人學習更多的軍事技術，但在貿易方面，華商認為自己絲毫不落下風，尤其是那些來自中國南方沿海，刻苦耐勞，未經官方准許跑到東南亞各地經商的商人。前面提到英商在海外設廠創造大量物質財富，令中國官員垂涎三尺。由於這些官員把那種貿易視作東印度公司之類的主宰性的壟斷企業幹的事，他們更加堅信，最好的方式是通過一手操控的華商，以相同的手法壟斷所有的對外貿易。對於華商來說，東印度公司受到英國海軍的保護，這是官方撐腰的一大證明。而中國朝廷感到新鮮的是，這些外國統治者會為了本國商人不惜開戰，以確保貿易順利進行。官僚們覺得這是不可思議的。[5] 英國強用武力敲開中國之門，僅僅為了表達站在英商一邊的自由貿易理想，而不是為了販賣鴉片給中國人，為統治階級賺取更多的商業利益，中國史學家迄今仍對這種觀點表示懷疑。

　　英國人一直堅持認為，問題的關鍵是捍衛宣導開放性貿易權利的進步新思想。英國東印度公司的歷史是一部英國如何跟歐洲勁敵競爭的歷史，尤其是在英國擊敗西班牙無敵艦隊、荷蘭趕走盤踞在印度和東印度群島的葡萄牙人之後，其勢頭一發不可收拾。針對西歐複雜的政治形勢，國家支持的貿易開始興起。倫敦商人在英國政治中崛起，促使國家支持使用武裝的貿易船隻。儘管這一開始貌似國家批准的海盜行為，令統治者和商人皆大發其財，但武裝商船最終受到管制，只作防禦之用。因此，在英國人看來，英船運送物資到中國海岸，並非一種突然動用海軍的證據，而是一種尋找正常貿易權利的證明。[6] 倘若這迫使中國統治者作出必要的經濟政策設計，以保證英商的生計，這也算一種進步。

　　如果審視當今中國企業家如何利用其四通八達的關係網絡，我們可以説在全球開設貿易公司的英國模式跟中國的商業模式毫無關聯。的確，中國的商業之根歷史悠久。在華商的記憶深處，他們是被朝廷官員鄙棄的階層，不得不靠一己之力謀生。如果説傳統上朝廷允許經商行為，那也僅僅是因為一定限度的貿易是必需的，一旦商業無益江山社稷，官方就有權出手限制。與此同時，華商會被當政的精英階層加以利用，用於國防、慈善和稅收目的。對外貿易上尤其如此，歷朝歷代皇帝一直都想將貿易權捏在手心。[7]在對外貿易中，中國的當政者認為他們是在與外國政府的代理人打交道。因此，他們認為，為了國家安全，由朝廷決定貿易的限度，實屬情理之中。陸地上，諸多部落王國跟中國接壤。一直以來他們都想把貿易規模擴展至中國朝廷能接受的範圍之外，最終中國朝廷出兵將其驅逐。在中國沿海地區也是如此。

　　換言之，中國朝廷一貫認為外國君主想進行貿易，凡外洋夷船均受其統治者委派。因此，貿易是國君之間的事，只消以國事處之即可。中國人建立了一個朝貢體系，君王按等級高低排列，皇帝位元列諸君之首，外國君主按照距離遠近、國土大小和財富多少、是否符合中國的外交和防務需要來排定座次。[8]

　　如此一來，對於中國君主來説，英國東印度公司跟以前的商賈並無兩樣，其代理人享受英王代表的禮遇。讓這些代理人跟中國私家商販直接交易的想法是不可接受的。若將他們視為倫敦商隊代表，他們的地位就會更低。公行（操辦由朝廷建立的貿易體系的團體）的一批廣州商人被指定在嚴密的官方監督下與夷商交易。[9]當馬戛爾尼（George Macartney, 1737-1806）勳爵接受英王的派遣使華，朝廷揣測他是想提高貿易地位，提升朝貢制度之下英國的權利。最新研究表明，清朝皇帝並非反對商人，反而有着通過內貿增加稅收、發展國內經濟的現實考慮。但這個想法沒有擴展到對外貿易。乾隆皇帝不能接受外貿體系的改變，令兩國私家商販自由交易，而只讓海關官員從事管理。他難以理解為甚麼這些外國君主會把保護商人利益視為一種政策甚至原則問題。中國人最不明白的是為了貿易，為了商人，一個國家會不惜發動戰爭。[10]

如果認為中國缺乏強大的海上貿易傳統，這就大錯特錯了，但這種貿易是在極端艱苦的條件下開展的。為使兩國商人從事自由貿易，中國人需要有更加獨立的海事活動。為了評價中方對外貿的態度改變到了甚麼程度，審視英方如何促成了這種變化，這裏需要討論一個全景的畫面。

前文已指出中國如何在海上受制於這個大陸型帝國的朝貢體系。這個體系由同心圓構成，天子的領土居中，周圍是封建領主和諸侯，外面是邊域的小部落族長，再接着是想跟中國保持聯繫，並隨時準備向皇帝進貢的更遠的外邦統治者。當中國的海岸線達到上至遼東半島，下至東京灣（譯者注：越南北部地區）的整個長度時，朝廷將這一套體系加以延伸，將意欲遣船朝觀和開展貿易的外邦君主納入其中。[11]因此，同一套體系被用來管理與鄰邦的海陸關係。

　　從海上來的商人偶爾會製造麻煩，但對朝廷不構成真正威脅，這已成為時人所接受的觀念，但實踐中卻存在差別。海防比陸路邊防容易守衛，外國商船屬於小型船隻，貿易艦隊運送的貨物和商賈多於戰士或水兵，這一切都無力動搖皇帝的寶座。在這個體系之中，海上中國是帝國疆域中致力於海防、外交關係和商人管控的部分。所涉人員主要包括官僚、軍官、精選的商人和外商。在第一個千禧年，海上貿易開始發展起來。到了宋元之際，其重要性變得突出。此時，中國有一支強大的海軍，這使得蒙古人的元朝能橫掃亞洲海域，向東入侵日本（1274-1281 年），向南征服印度支那沿海（1283-1287 年），還遠征爪哇（1292-1293 年）。[12] 儘管以失敗告終，但這激勵更多的中國人參與更大的海洋事業。這個事業往往與穆斯林商人合夥——由於元朝皇帝將蒙古和平推行至全國，吸引了穆斯林商人通過水路和陸路來到中國。其高潮見於 15 世紀初（1405-1433 年），艦隊統帥鄭和七下西洋，定期訪問東南亞及南亞南部沿海王國的君主，至少有四次下西洋抵達西亞的紅海港口和東非海岸。在遠洋的鼎盛時期，鄭和率領的艦隊由二萬七千餘人組成，其中有 62 艘大海船，幾百艘中小船隻。海軍力量的這種壯觀的展示帶來的影響多為象徵性和政治性的，並未指向增進中國在該區域貿易的目標。[13]

　　本該瓜熟蒂落的更多的海上探險沒有如期展開。1433 年，遠洋航行告一段落。1368 年，明朝開國皇帝從蒙古人手中奪回了漢族控制權，重建封建朝貢體系，對外貿施以前所未有的嚴格管控。海上中國遂成為受國家嚴格管制的安全體系的一部分。在這種背景下，鄭和遠渡重洋也許跟明朝新政不相合拍，但這屬於官方使命，對私人的海外貿易則沒有任何特許了。明宣德年（1426-1435）末，明太祖朱元璋制定的貿易政策得到明確重申。隨後的百年中，隨着葡萄牙人和西班牙人的到來，以及整個中國沿海倭寇的活躍，朝廷不得不重新重視加強海防。1567 年之後，對商賈的控制稍有懈怠，貿易活動蓬勃發展起來。[14] 然而，重要的是，明朝維持了以朝貢為中心的海事政策，而清朝統治者繼承了這一政策的基本內容。

清朝官員對外商的態度比較靈活，但朝貢體系的形式沒有變化。甚至在 18 世紀末東印度公司成為本區域主導貿易商這一點明朗之後，清朝官員仍未提議改變貿易結構。這一立場一直持續到 1842 年簽署《南京條約》以後。即使到那時，許多官員也還繼續對外貿採取消極政策，但也有官員向清廷進諫，應實施穩健的外貿政策。當時使用的官方修辭表明，中國的海上貿易在包括國防、外交和貿易的大體系中所佔的比例很小。

儘管朝廷推行內向型的大一統政策，但沿海各省居民一直在謀求出海經商，渴望與海上遠道而來的外商交易。他們跟來自印度洋的各種穆斯林商團建立了商業聯絡，還跟日商、印度商人和一些東南亞商人建立了聯繫。荷蘭和英國商人來華時，適逢明朝中央政權正在削弱。朝野政派林立，傾軋內鬥，農民起義四起，北京朝廷無暇顧及貿易。之後，滿族入侵中原。中國沿海省份變得動盪不安，官員維持統治十分艱難。於是，鄭芝龍（1604-1661）與其子鄭成功的羽翼漸豐，其對手們也紛紛崛起，伊比利亞人與荷蘭人先是在澳門搶奪勢力範圍，然後轉向台灣。儘管明廷對這些危及傳統政策的活動保持警惕，但面對整個沿海地區日益加劇的暴力活動，幾乎無計可施。

毫無疑問，中央式微之時，周邊便興旺發達起來。從 17 世紀 20 年代到 1684 年的 50 多年裏，海上中國可以說是戰火連天。鄭氏家族建立了武裝貿易船隊，堪稱當時天下最強大的船隊之一，實力超過遠涉重洋而來的西班牙和荷蘭海軍。鄭成功率領海軍在沿海所向披靡，推動中國主導的貿易發展到空前的規模。中國的海上貿易想主導亞洲，此時正是一個良機。據日本、荷蘭和西班牙這些國家的檔案，對於從事海上貿易的中國商人來說，這像是一個新紀元的開端。[15]可惜這一美景終成幻影。原因在於中國的武裝商賈對皇權構成重大威脅，無論漢人掌權，還是滿人在朝，皆是必先除之而後快。鄭成功的部隊除了要抗擊歐洲海軍外，還不得不在 1644 年以後抵禦戰無不勝的清朝軍隊的襲擊。清廷最終在台灣擊潰鄭氏政權，將該地區牢牢地掌控在中央手裏。大陸型中央集權得以完全恢復。但無論是大陸的福建人，還是在台灣立足和隨後幾百年中移居台灣的大陸人，都不會忘記自己曾經擁有的海軍傳統，無論在戰爭還是在商業中，都有力地支持了他們。

1750 至 1850 年的 100 年中，清王朝在前 50 年正值巔峰期，爾後 50 年迅速衰落，其間發生了甚麼變故？從傳統上說，19 世紀叛亂頻仍，可被視為王朝開始衰落的時期。但這一時期，中國外貿卻繼續發展。例如，大米的大宗海上貿易十分活躍，海外白銀價格正常浮動，外貿上犧牲澳門，採納官辦的廣州貿易體系，交易穩定增長，而中國人絡繹不絕地前往台灣和東南亞的港口城市定居。[16]

英國東印度公司及其大量培植的國商成為中國沿海的主要商業團體。尤其是國商，已經學會跟越來越多的中國同行打交道，清史專家郝延平稱後者為"舖戶"，他們在"公行"系統之外，作為"行外商人"成功地從事商業活動。[17]跟那些到日本、菲律賓、泰國和馬來羣島等海外經商的閩粵同胞一樣，這些沿海商人擺脫了某些傳統的官方桎梏，跟需要華商服務的外商尋求連鎖關係。但跟東南亞各國不同，中國沿海不存在更高一級的歐洲當局來干涉商業活動。因此鴉片戰爭爆發前的幾十年，中國商人享有極高的議價權。在這些年的合作過程中，形成了多種形式的中英交易夥伴關係，彼此學習對方的貿易方式。雙方一起行動，跟東印度公司、公行行商、同類商人展開競爭，以求在中國沿海拓展生意。只要有可能，國商也能依靠他們的"舖戶"商業網，進入中國內地的某些市場。東印度公司的壟斷在 1833 年終止之後，上述創新型交易夥伴關係得到深入發展，種類更多。這些有利可圖的商業經歷，為"商業革命"—— 新的商業階級在中國沿海的誕生 —— 打下了基礎。這個階級了解西方同行，尤其是英美人，不懼怕已成常態的激烈競爭。既然北京和省會官員管束不到，他們就充分利用第一次鴉片戰爭帶來的新機遇，還有 19 世紀 60 年代被強制的和平時光所賦予的更廣闊的貿易機會。[18]

官辦體制在沿海港口對商業的管控效率低下，對私家商販中初露端倪的急劇變化視而不見。該體制繼續束縛着"公行"官商的手腳。這些官商和主管官僚同流合污，令商業利潤缺乏確定性，扼殺新的舉措。無論是廣州當局還是東印度公司商人都對現狀不甚滿意。東印度公司失去壟斷地位之後，更多的外商尋覓制度外的中國交易夥伴，清政府深陷貿易赤字和鴉片貿易道德後果的雙重困擾。沒人提出新的對策，大清皇帝與朝臣只想重新掌控貿易大權。顯然，權力的瓦解培育了更多的貪婪。結果，華南變得更加貧困和混亂，廣州商人負債纍纍，總稅務司署與省海關司受到的腐敗威脅更甚以前。對許多人來說，變革已無可避免。[19]

在旅居海外的華人中，居住在爪哇和附近島嶼的華人社區已從 1743 年巴達維亞（今雅加達）華人大屠殺中恢復過來。這些華人憑藉勇氣和想像力適應了當地條件，特別是在西婆羅洲、廖內——柔佛帝國、三寶瓏、中爪哇，甚至是在馬來半島的馬六甲。生活在馬尼拉的華人經歷了英國的短暫佔領，又回到了西班牙的控制之下。[20] 不過，中國有關這個時期的文獻記載表明，這些社區的華人清晰地意識到自己的地位，在清朝皇帝鞭長莫及的異國，他們逐漸捐棄了克己復禮的舊習，以便拓寬作為貿易實力主要來源的人脈網絡。

另有兩件事表明華人經歷了更重大的變化。首先是暹羅新王朝光復後，先後定都吞武里和曼谷，華人在這兩個時期扮演了重要角色。其次是英國人進軍馬來半島後，先後在檳城和新加坡推行自由貿易信條。這為華人在東南亞定居的兩種主導模式確立了框架。第一種模式促進了華人在泰國新政體中的作用，使從事海上貿易的華人過渡為東南亞城鄉的定居者，再演化成強大的華商團體，跟中國保持特殊的關係。第二種模式涉及檳城和新加坡的自由貿易，為華人開展海上貿易開闢了新型基地。這兩個港口使得華人首次有機會在不屬於大清帝國管轄的領土上成為佔人口多數的團體。[21]

1800年時，沒人能夠預見到戰爭時代將導致清王朝在19世紀後期的衰落，但旅居國外的華人們意識到了一個新的時代即將來臨。同時，越來越多的華南沿海居民認識到，既然不能在中國大地上一展宏圖，那就把夢想帶到海外。英國的貢獻顯而易見。19世紀40年代以後，英國跟中國人的貿易北起天津、上海，南至新加坡、檳城，不管是否屬管轄範圍，都使英國在隨後的發展中取得頗大的優勢。

依上所述，可見促成行動的主要因素來自在華外商。不過，我們應當注意到，中國中間商和他們的平底帆船是如何在外商中左右逢源的。他們找到新策略，可以隨機應變。他們逐漸摸透了英荷商業管理者的習性，開始對受寵於歐洲人躊躇滿志。根植於當地的中國商人掌握了一些西方商業慣例和法規。他們拿捏出了合夥與合作之間的微妙差別，並讓這種新認識成為處理好與中國母港的關係，進而結成貿易紐帶的基石。[22]1842年，英國迫使清政府開放通商口岸，之前的半個世紀可描述為"旅居者網絡"（sojourner networking）的黃金時期。其間，華人在英荷的商業和軍事霸權下獲得了一個自治的地方。在遠離皇帝控制的東南亞海岸，這些漂泊海外的華人有幾十年的時間來預備即將到來的變化。19世紀50年代是壯觀的十年，中國人大舉漂洋過海，不僅跨過中國南海，而且遠渡太平洋。

通商口岸對國際貿易開放時，沒有人再懷疑英國在軍事上技高一籌，但很少中國人同意英國人更擅長貿易的説法。中國人依舊認為，英國海軍給了英商不公平的優勢。日本人很快汲取了這個教訓，統治精英不失時機地訓練海軍，保護奉行資本主義的日本企業。不過，清朝末年和中華民國前幾十年，中國人也大談特談採取現代企業模式。他們心目中的模式以英國公司在上海建立的企業為榜樣，其與香港、新加坡、印度各港口，最後與倫敦城相聯繫。李鴻章（1823-1901）、盛宣懷（1844-1916）和張謇（1853-1926）等人開始建立官辦公司，輪船招商局和江南機器製造總局提供了早期模式，還有許多新設公司涉足煤炭煉鐵、棉花紡織、船運和運輸等產業。這些公司發展成各種官商合作企業，但新企業從未克服某些基本的局限性。[23] 它們是中國官方對於大型合資公司套路的回應，但試驗總是自上而下，從未超出直接監督商人的做法。

中國企業家還開始明白，一旦中國國力明顯趨弱，他們跟西方經紀行進行平等交易的能力就會降低。到 19 世紀 80 年代初，中國人的貿易條件趨於惡化。1884 年，清軍被法軍擊潰之後，特別是甲午戰爭（1894-1895）敗於日本後，具有實業和金融抱負的商人發現，西方公司不僅通過通商口岸，還通過保持與強大的國際貿易體系的官方聯繫，享受着不公平的優勢。這使中國人越來越意識到要進行商業競爭，必須得到國家的支援。一旦清朝官員也認識到這點，經濟民族主義的種子就播下了。這與民族主義的覺醒相伴而生，伴隨着如下爭論：貿易是否為戰爭的延續，競爭性貿易是否為另一種形式的戰爭，以及這種新式商戰應如何去打。

對於中國私人商販來說，這還大致停留在探討和辯論上，他們可能期盼過的支持從沒兑現過。股份制公司得到的法律保護甚微，通過現代銀行的融資方式發育緩慢。確保當地資本投向中國企業的難度在增大。此外，在緊密的親屬體系之外，人與人之間缺乏信任感，這意味着新興資產階級無法脱離其傳統的家族企業，即使他們確信，面對外國競爭，為保持真正的競爭力，自己應該摒棄家族企業。為了求生存，他們擴大了商業網絡的範圍，並且隨着運輸和交通手段的進步，他們通過擴張宗族圈子或籠絡家鄉人脈，進一步增強和完善了他們的商業網絡。

總之，英國人公司確有可資中國人學習之處。經驗教訓來自三個階段。第一，國家應將貿易視作關乎國家利益之事，值得加以捍衛，值得為此發動戰爭。20 世紀 20 年代，民國政府鼓勵全國範圍內大量興辦現代企業，貿易的重要性被真正認識。第二，需要建立新型制度，為複雜組織提供融資和管理，確保其盈利能力，特別是那些不能依靠傳統親屬體系盈利的組織。進步只是星星點點，直到 20 世紀 30 年代，號召中國商業階級仿效英國和其他現代商業體系的呼聲仍然很高，顯然，這些呼籲大多乏人回應。第三，更多的官員和商人重視一門新學科 —— 從英日貿易實踐發展而來的商業經濟學。很多人曾在外國公司工作，有些曾在美國本土和在華開設的美國商業學校學習。他們完全清楚，在資本主義企業最高級的競爭需要具備甚麼條件。被稱為 "民族資產階級" 的官員和商人提出，即便不能協同工作，也願意為了國家和企業的利益雙贏而合作，但形勢異常困難。一方面，外國企業具有先發優勢，組織較為完善；另一方面，新一代激進的民族主義者既急切盼望國家財富和力量的迅猛提升，又對私人盈利可以符合公共利益的觀點表示懷疑。作為理想主義的愛國者，他們經常懷疑商人階級與外國商社合謀，只顧將利潤放入自家腰包，從而使經濟無法為了老百姓的福祉而繁榮起來。[24]

不過，中國新興商人階級的現代化進程是毋庸置疑的。這一進程始於香港，王韜（1828-1897）在著述中為其代言，他在文中闡述了早年赴滬工作期間萌生的現代化思想。其他在香港定居的人加以聲援，齊聲呼籲組成愛國的資產階級。這一提法被買辦階級發揮，他們也從周邊的香港搬到了正在崛起的經濟中心上海。[25]買辦資本家的興起把重點引向這樣一個問題：他們從所服務的英國商行學到了甚麼。

他們知道，一定要辦官方支持的新式企業，要跟走向窮途末路的廣州體系有着本質的不同。但是，正如他們所意識到的，政治權力和經濟冒險有着類似的組成部分。官僚們願意效法英國政治家，因為他們覺得這些政治家跟經商成功、發家致富的人士合作密切。鑒於中國在簽署不平等條約之後所處的不利形勢，官僚甚至更進一步，直接監督活躍的企業家。他們為這些冒險者提供保護，以便後者能跟外國資本家順利競爭。有時候，退休官僚成為他們幫助建立的企業的關鍵成員。儘管他們沒有成為企業家，但教導家庭成員躋身商界，因為意識到了其中的種種好處。此舉斷然背棄了中國歷來重文抑商的社會傳統。

　　對於英人在中國各大港口、香港地區和馬來亞（馬來半島，包括新加坡）帶來的挑戰，反應是多方面的。這裏有一些中國周邊地區的貿易家族，深諳現代生產和行銷之道。有兩個經典例子。第一個是在荷屬東印度經濟中崛起的黃仲涵財團效仿歐洲跨國公司，生意做到了英屬領地。第二個是原在悉尼的幾位香山（今廣東中山）人在香港和上海分別創辦的先施百貨公司和永安公司。[26] 他們創辦的企業成為現代商業的榜樣。其他人很快適應了運輸貿易，特別是介入澳大利亞和馬來亞的貨運業，學會了跟本地區更大的英國公司競爭。隨着競爭經驗的積累，運輸業務的實力得以增長。跟其他實業企業一樣，這些運輸企業在上海特別有活力。被吸引到上海的也是鄰省最有幹勁的人，全國其他地區來的要少一些。當他們在 20 世紀 20 年代末起取得飛速進步時，他們遭遇了內戰以及隨後日軍的入侵，在國外則是受到經濟大蕭條的蹂躪。1945 年抗日戰爭結束，勝利者期待戰後經濟的復蘇繁榮時期，但未等中國企業家恢復元氣，共產黨就贏得了決定性勝利，開始推行實業國有化計劃。那些得以移居香港的企業主是幸運的，發家致富的新機會在等着他們。他們憑藉法定的自由，利用冷戰帶來的巨大商機，重塑輝煌故事，一直經營到今天。[27]

　　成功還表現在其他領域。位於上海、香港和馬來亞的老式私人銀行轉型成為現代化金融組織。儘管從未主宰金融市場，但這些公司迅速壯大，向中小企業提供可貴的資本金。由此，它們創建了中國人非正式的中型網絡，跟英國人的大網絡並行不悖，為地區商業填補了重大市場空白。這些網絡為後來被看作"中國資本主義"歷史核心的東西奠定了基礎,其跟英美跨國公司框架之間的互補作用,目前正在研究之中。[28]

　　為甚麼 20 世紀 60 年代後出現的資本主義被冠以"中國的"資本主義?許多學者將其視為尋租,而對東南亞的研究頗引人注目的日本經濟學家義原國雄(Yoshihara Kunio),將其跟"偽資本主義"(ersatz capitalism)聯繫起來。[29]就企業家出於利潤而將資本的運用制度化這一點而言,資本主義是顯而易見的。中國的資本主義跟 19 世紀發源於倫敦的資本主義區別何在?第一,想成為實業家的中國人缺乏穩固的法律或金融基礎,可用以建造長期發展的工業。只要尋租是可能甚至唾手可得的,就不難理解為甚麼大多數人禁不住誘惑,找關係走捷徑。

　　第二,古往今來,中國人當中有一種風氣,一人出馬冒險,全家全力支持。因此,總有義務滿足家庭期望,而不相信外人。這反過來阻礙企業家建立正式的管理制度。企業主始終看重領導層的靈活性和責任,管理效率則居其次。他們的許多公司已上市成為公眾公司,但仍受到家族的控制。結果,企業的大小就有了明確的限制。傳統的解決方法是支持家族成員的積極性,出手說明建立關聯企業的網絡。如有必要,網絡就會擴展,跟關係更遠的企業聯繫在一起。大多數企業因此保持着家族所有制,只是最低程度地適應和利用現有的英國法律法規。

　　關於這些小企業的適應性及其對於新機會的反應速度,評論文章已有不少。[30]在革命性變革的過程中,不管在中國還是在華人地區,在更近的幾十年,甚至在全球商業中,它們的方法都是切實可行的。這些小企業仍是中小企業的中流砥柱，中國的海外網絡使它們變得無比強大。他們的成功是由於中國企業家滿足於狹義的貿易定義，這種貿易不支援大型產業組織，因而也難以跟向公眾募集資金的跨國公司競爭。但是，小企業的網絡反應神速，有助於掙脫英國類似的家庭企業的命運，就像現代美國中小企業，反應敏捷，具有再造的能力。今天，我們傾向於認為，這種適應方法相當適合 21 世紀新經濟條件下的創新型企業。

現在，我們回到中美關係。英國人在東亞為 20 世紀美國企業日益咄咄逼人的挑戰奠定了基礎。美國教育機構的間接影響特別富有成效。中國人仰慕英國和歐式大學的文化價值和思想內容，而商業階層發現美國的社會科學專業和商業學校能提供更直接的幫助。大批的美國私立教會學校欣然接受中國的學生，這是它們廣受歡迎的一個重要因素。大多數中國人早已意識到，英語正升級為國際商業通用語言，他們非常歡迎這一接受高等商業培訓的機會。[31] 這不但可望培養出懂英文的中國公務員階層為沿海社區服務，而且能激發大家的願望和信心，跟雄霸東南亞的著名英國企業競爭。

中國人也從英美汲取各種混合的經驗教訓。主要的一條似乎是，自由企業是最佳制度。在一些華人，特別是北美和澳大拉西亞（Australaision）（譯者注：包括澳洲、西蘭及附近南太平洋諸島）的華人中，情形很可能是這樣。但是，過去 200 年令人難忘的教訓都跟政治權力問題有關。當這種權力的使用是良性的，就如英國業界在通商口岸和殖民地那樣，做生意是可以預測的。風險更容易測算，錯誤可以通過法律得到修正，不受歡迎的競爭則被限制。中國企業家也可以享受官方支援帶來的諸多好處。陳嘉庚和李嘉誠的例子證明，這種共生關係有多麼重要。同時，他們的故事也鮮明地證明，整個20世紀，英中貿易關係在海外發生了一些變化。

陳嘉庚（1874-1961）篤信現代教育，他率先建立了中國現代私立大學——廈門大學，因此名聞遐邇。他的女婿李光前（1893-1967）繼承遺訓，大力資助教育事業，而外孫李成智延續了這種家庭傳統，出資捐獻給英美多所大學，包括劍橋沃弗森學院。陳嘉庚在馬來亞投資種植園，取得非凡成功。他在20世紀初介入橡膠生意，受到英人的賞識和鼓勵。這是一項新興產業，若非陳嘉庚等人一鼓作氣勢如猛虎，世界市場早已供不應求。到20世紀20年代，橡膠供給過剩，只能實行限產，此時中國人認為，為了保護英國橡膠種植園，自身利益受到了不公正對待。還有，陳嘉庚涉足工業生產，被認為直接挑戰英國製造業的利益。他的工廠最終沒能開下去，實在令人扼腕。[32] 儘管陳嘉庚及其支持者痛恨"帝國特惠制"，以為這是殖民保護，但還是接受了商業歧視，甚至做出滿不在乎的樣子。由此得出結論，現代資本主義跟國家利益捆綁，並不亞於傳統政策下權勢主宰商業活動。在中國人掌控自身政治之前，貿易是一種學習和適應新的政治力量的方式。

李嘉誠的發跡故事完全不同，儘管他也財富驚人，並在家鄉廣東省東部的汕頭捐助興辦了汕頭大學。在20世紀80年代，李嘉誠是香港若干個深謀遠慮的企業家之一。在他看來，英國已不再掌控香港的未來。變化的徵兆發生在 1984 年，李嘉誠接管了英國老牌的和記洋行。尤其是在鄧小平（1904-1997）推行改革開放之後，中國商界大腕的影響力與日俱增。儘管中國本身還渴求外國技術和投資，但其在殖民地的存在日漸顯著是毋庸置疑的。中美和中日的地緣政治關係，也使英國的利益被邊緣化。英國只擁有管理責任，而缺乏政治上的主導權，因此只能説是三強之一，甚至是四強角力的一方。中國企業家知道為了適應變化他們必須採取甚麼行動。儘管米爾頓•佛利民（Milton Friedman, 1912-2006）及其追隨者盛讚真正的資本主義自由，香港卻順應了這一新的權力關係。李嘉誠等商人懂得力量已經大規模轉移。跨境交易的多種可能性跟新的政治站隊匹配好了。這不僅是因為英國的重量級別稍遜 —— 儘管這是一個相關因素，還因為中美政治的瓜葛，包括在港的國民黨和台灣勢力，開始影響重大的商業交易行為。正是在這種背景下，李嘉誠等華商才能突然入主英國在該殖民地的老字型大小商行。[33]

　　李嘉誠經商出類拔萃，只局限在特定領域。儘管旗下是上市公司，但他還是生機勃勃、親自出馬的領導人，一手打造家族帝國。跟香港大多數企業家一樣，李嘉誠的商業支柱是不動產。這明顯屬於傳統貿易形式。中國人對於房地產的信心和經營技巧來自小農意識下對於土地的膜拜，2000 多年前的文獻足以説明他們的關注焦點。這些技巧隨着中國人的腳步而傳播到五大洲。在擁有土地的基礎上，發展其他業務才更有安全感。這一原則中國人從古到今都堅決恪守着，始終是中國人冒

險出擊的支柱之一，實在令人驚歎。這是讓中國人一直心安理
得地堅持狹義貿易的背景。這可能阻礙了他們向英美實業家和
金融家開創的大型企業進軍，但對於偏愛活躍、多功能經營方
式的新經濟起步階段可能仍有正面意義。

　　在這種背景下，中國人從不認為英國人更會做生意。一
個多世紀以來，英國是戰場上的贏家，但在生意場上可不是贏
家。中國人只承認學到一點：依靠英政府的支持和高超的軍事
技術，英商的生意有多好做。中國大陸人正在海外尋找科學技
術和宏觀經濟理論，以使中國能很快地繁榮富強起來。海外華
人，特別是那些在東亞和東南亞地區做生意的華人，顯得比較
左右搖擺。無論是當地貿易，還是與中國發生貿易關係，他們
既承認跨境貿易關係中由全球化趨勢帶來的好處，也懂得政治
權力在經濟活動中是至關重要的。

　　如今，政府主導的中國企業也許無法與強大的海外商業網
絡競爭，不管是華人的還是非華人的網絡。政策通常搖擺不
定，要麼公共管制過度，要麼私營部門自由過多。例如，主導
台灣達 30 年之久的國民黨商界放鬆了控制，但沒有向要求自
由市場體制的壓力屈服。儘管國民黨候選人在 2000 年 3 月的
大選中敗北，商業和政治之間的關係仍然是緊密牢靠的。對於
在東南亞經商的中國人來說，其業務和當地文武官僚機構之間
的實際關係在馬來西亞、新加坡與它們的近鄰之間差異很大，
不過這種聯繫比以往都要緊密。許多人將新加坡有政府背景
的公司看作國家參與的迄今最成功範式的最新展示。[34] 對於
馬來西亞來說，中國商人，就像印尼的華商一樣，學會了迂迴

推進,自由出入於被吸收進國民陣線的各大新團體。馬來民族統一機構 (巫統) 是馬來西亞主要的政黨,自馬來亞聯合邦於 1948 年建立以來一直執掌權力,控制着國民陣線。中國企業家有足夠時間在與這個政治機構及其所有的相關政黨交往過程中,定位好自己。[35]

我不準備推測,隨着全球市場在各國經濟體中的作用擴大,中國人的貿易網絡將如何演化。中國人一直深信,貿易活動一定與政治有瓜葛。他們已看到,美國國會如何每年就貿易關係進行投票,以及必須達成甚麼樣的政治交易方可以走出狹隘的國家利益所造成的惡性循環。他們會繼續認為,每個經濟體必定與當地的權力結構有關聯,而權力結構反過來受歷史和文化因素的制約,哪怕不由其來決定。現代經濟發展也許會在某種程度上修正這些結構,但根本性的變革需要革命性的方法,當今中國的這幾代人在很長一段時間裏並不熱切於看到這種革命。

這並不是說中國人做貿易太保守,不願意變革。20 世紀發生在中國的事件表明,中國人在無奈時能忍受和挨過最激烈的變革。我當然不會認為中國人是在等待英美的全球勢力退卻,好讓他們回到傳統的方式上來。中國的企業家崇奉權力,期待英國繼續長期保持對中國和中國人的壓力,只要美國還跟現在一樣強大。他們知道這些壓力將引發更多的變化,不僅是對中國本身,還包括對中英關係。

儘管中國人相信自己的經商能力毫不遜色,但他們也許得承認一點:英國人良好的組織、管理技能和法律慣例,為中國

人面向 21 世紀再造更好的企業提供了有益的模式。他們不會
恢復國營貿易的廣州體系，也不會滿足於建立現代版的英國東
印度公司。但中國人也許會在歷經考驗的華人海外非正式貿易
網絡的基礎上，效仿東印度公司，建立許多家類似的公司，以
滿足不斷擴大的多元需求。當下的模式也將包括被證明取得成
功的日本和韓國元素。新的"中國資本主義"在術語上看似自
相矛盾，不過中國的貿易經濟很特殊，公私營兼而有之，使其
可能以英美資本主義變體的面目出現。英國商人出海，並非為
向中國人傳授商經。那些認為除了貿易還另有東西可以奉上的
英國人將接踵而至。他們致力於"傳教"，不料遭遇意外反應，
我們將在下一章討論這個話題。

注　釋

〔1〕　王賡武：《海外華人：從土地束縛到尋求自主》（劍橋：哈佛大
　　　　學出版社，2000 年），第 24-37 頁；〈沒有帝國的商人：旅居
　　　　海外的閩南人羣體〉，載於詹士‧特雷西主編：《商業帝國的興
　　　　起：近代早期的長途貿易（1350-1750）》（劍橋：劍橋大學出
　　　　版社，1990 年），第 400-421 頁。

〔2〕　薛愛華（Edward H.Schafer）：《南漢帝國的歷史：根據歐陽
　　　　修〈新五代史〉第 65 卷》（京都：京都大學人文科學研究所，
　　　　1954 年），第 339 頁；《閩帝國》（拉特蘭：塔托出版社，哈佛
　　　　燕京學社，1954 年）。

〔3〕 卡爾・克洛（Carl Crow）:《四萬萬顧客:一個美國人的中國見聞錄》（紐約:哈伯出版社, 1937 年）。

〔4〕 戈登・雷丁（S. Gordon Reolding）:《華人的資本主義精神》（柏林:格魯依德出版社, 1990 年）,郝延平（Hao Yen-ping）:《19 世紀中國的買辦:東西方之間的橋樑》（劍橋:哈佛大學出版社, 1970 年）;費維愷:《中國早期工業化:盛宣懷（1814-1916）和官督商辦企業》（劍橋:哈佛大學出版社, 1958 年）。

〔5〕 王賡武:〈中國商人的文化〉,載於《中國與海外華人》（新加坡:時代學術出版社, 1991 年）,第 188-197 頁。

〔6〕 約翰・凱伊（John Keay）:《英國東印度公司史》（倫敦:哈伯－科林斯出版社, 1993 年）,第 331-361 頁及第 421-456 頁。

〔7〕 余英時（Yu Ying-Shih）:《漢代貿易與擴張:漢胡經濟關聯式結構研究》（柏克萊:加利福尼亞大學出版社, 1967 年）。

〔8〕 費正清主編:《中國的世界秩序:傳統中國的對外關係》（劍橋:哈佛大學出版社, 1968 年）,第 1-14 頁。費正清在 1941 年開始研究中國的朝貢制度,這使他認識到了與貿易的古老聯繫,而當其研究觀點進化為中國的世界秩序時,朝貢制度如何在官方貿易的封建政治中根深蒂固這一問題從不曾被忽視。他和鄧嗣禹一起完成了題為 “關於中國朝貢制度” 的開拓性研究,《哈佛亞洲研究學刊》,第 6 卷,第 238-243 頁,從此以後,貿易因素的地位降低,朝貢體制被納入防衛甚至是 “大戰略” 之中。最新研究來自阿拉斯泰爾・伊恩・莊士頓（Alastair Iain Johnston）:《文化現實主義:中國歷史上的戰略文化和

大戰略》(普林斯頓：普林斯頓大學出版社，1995年)，米高・史衛恩(Michael D. Swaine)、艾殊里・特利斯(Ashley J. Tellis):《解讀中國大戰略：過去、現在與將來》〔聖莫妮卡(加州)：蘭德公司，2000年〕。

另一種研究方法直接將朝貢體制的延伸與戰爭的特徵及頻率聯繫起來，甚至稱之為"儒家國際秩序"。李俊坤(Lee Choon Kun):《儒家國際秩序下的戰爭》，德克薩斯大學奧斯丁分校博士論文，(密西根大學安阿伯分校：大學縮微膠捲出版公司，1988年)。

〔9〕 魏斐德(Frederic Wakeman, Jr):〈廣州貿易和鴉片戰爭〉，載於費正清主編:《劍橋中國史》第10卷(劍橋：劍橋大學出版社，1978年)，第163-171頁。張榮祥(Cheong Weng Eang):《廣州行商：中西貿易中的中國商人》(倫敦：柯曾出版社，1997年)，第1-25頁。

〔10〕 牟複禮(F. W. Mote):《中華帝國(900-1800)》(劍橋：哈佛大學出版社，1999年)，第949-956頁。

〔11〕 王賡武:《南海貿易》，第116-117頁；楊聯陞(Yang Lien-sheng):〈從歷史看中國的世界秩序〉及馬克・曼哥(Marc Mancall):〈簡析清代朝貢體系〉，俱載於費正清主編:《中國的世界秩序》，第20-33頁及第63-85頁。

〔12〕 莫里斯・羅沙比(Morris Rossabi):《忽必烈和他的世界帝國》(柏克萊：加利福尼亞大學出版社，1987年)，第99-103頁及第207-220頁。

〔13〕 馬歡著，J. G. V. 米爾斯譯:《瀛涯勝覽》，第5-34頁。

〔14〕吳振強（Ng Chin Keong）：《紳商和農民商販 —— 閩南人如何把握沿海商機（1522-1566）》，載於《南洋大學學報》，1973年，第 7 期，第 181-175 頁；《貿易和社會：中國沿海的廈門網（1683-1735）》（新加坡：新加坡大學出版社，1983 年）。

〔15〕錢江（James Chin Kong）：《商人和其他旅居者：海外閩南人（1570-1760）》，香港大學博士論文，1999 年，第七章，第 316-357 頁。張振東（Aloysias Chang）：《德川時代（1603-1688）的長崎華人社區》，聖約翰大學博士論文，1970 年，（密西根大學安阿伯分校：大學縮微膠捲出版公司，1970 年）。約翰‧衛斯（John E. Wills）：《辣椒、槍炮和談判 —— 荷蘭東印度公司與中國（1622-1681）》（劍橋：哈佛大學出版社，1974 年），第 17-36 頁及第 194-212 頁。

〔16〕珍妮花‧古士曼（Jennifer W. Cushman）：〈海上領土：17 世紀初至 18 世紀木中國與暹羅的舢板貿易〉，伊薩卡（紐約州）：康奈爾大學，《康奈爾東南亞研究》，1993 年，第 12 期，第 65-95 頁；W.L. 舒爾茨（W. L. Schuwrz）：《馬尼拉大商帆》（紐約：杜登出版社，1939 年）。

〔17〕郝延平：《中國近代商業革命》（柏克萊：加利福尼亞大學出版社，1986 年），第 17-19 頁。

〔18〕郝延平：《中國近代商業革命》，第 20-33 頁。第一次鴉片戰爭爆發之前的 20 年，英國商人已在中國沿海的貿易競爭中超越其他外國商人。

〔19〕蘇珊‧曼‧鍾斯（Susan Mann Jones）、孔飛力：〈王朝的衰退與叛亂的根源〉，載於費正清主編：《劍橋中國晚清史》，第

108-132 頁。羅拔‧加德拉（Robert P.Gardella）:《清政府的茶葉管理》,安德里亞‧麥克爾德里（Andrea McElderry）:《清朝政商之間的擔保關係》,見李歐娜、約翰‧R. 瓦特合編:《尋求安全與財富:大清帝國及其經濟（1644-1911)》(伊薩卡:康奈爾大學東亞項目, 1992 年）,第 97-118 頁及第 119-137 頁。

〔20〕包樂史（Leonard Blusse）:〈荷蘭東印度公司及其對巴達維亞的舢板貿易:一個行政管理問題〉,見《奇特夥伴:荷蘭東印度公司時期巴達維亞的華人、梅斯蒂索混血婦女和荷蘭人》〔多德雷赫特（荷蘭）:福里斯出版社, 1988 年〕,第 97-155 頁;戴安妮‧路易士（Dianne Lewis）:《荷屬公司在馬六甲海峽（1641-1795)》〔雅典（俄亥俄州）:俄亥俄大學國際研究中心, 1995 年〕。萊瑙‧弗斯（Reiment Vos）、根特爾‧楊納斯（Gentle Janus）、莫欽特‧普林斯（Merchant Prince）著,貝芙麗‧積遜（Beverly Jackson）譯:《荷蘭東印度公司及其在馬來外交的困境（1740-1800)》(萊頓:荷蘭皇家語言學、國情與文化人類學研究所, 1993 年）。關於馬尼拉和蘇祿地區,見尼古拉斯‧古斯納（Nicholos P. Cushner）主編:《英國征服馬尼拉實錄（1762-1763)》(倫敦:倫敦大學學院皇家歷史學會, 1971 年）。霍華德‧弗賴（Howard T.Fry）:《亞歷山大‧達爾林普爾和英國貿易的擴張》(多倫多:多倫多大學出版社, 1970 年）。

〔21〕施堅雅（J.William Skinner）:《泰國華人社會:歷史的分析》(伊薩卡:康奈爾大學出版社, 1957 年）。施堅雅:《泰國華

人社會的領導權和權力》（伊薩卡：康奈爾大學出版社，1958年）（該書是為美國亞洲研究協會出版的）。關於早期的檳城和新加坡，見 K.G. 特里格寧（K. G. Tregonning）：《英國在馬來亞的頭四十年，1786-1826 年》（圖森：亞利桑那大學出版社，1965 年）；特恩布林（C. M. Turnbull）：《英屬海峽殖民地（1826-1867 年）：從印度總統大選到英國直轄殖民地》（倫敦：阿特龍出版公司，1972 年）。

〔22〕王大海著，麥都思（W. H. Medhurst））譯：《海島逸志》（上海：墨海館，1849 年）。姚楠、吳琅璿校注：《海島逸志校注》（6卷）（香港：學津書店，1992 年）。該校注本被香港中文大學、上海市華僑歷史學會列為僑史著作珍本文獻。

〔23〕盛宣懷遺存的大量函電稿件折射出晚清企業家在轉型期面臨的困境。王爾敏、吳倫霓霞合編：《盛宣懷實業函電稿》（上下冊）（台北：中央研究院近代史研究所，1993 年）。中央研究院近代史研究所史料叢刊第 17 輯，該書收錄了盛宣懷在晚清時期關於現代工業的書信和電稿。關於另一個不同類型的更有成就的文人實業家，見朱昌崚（Samuel C. Chu）：《中國近代改革家張謇》（紐約：哥倫比亞大學出版社，1965 年）。

〔24〕帕克斯·小科布林（Parks M. Coble）：《上海財閥與國民政府（1927-1937）》（劍橋：哈佛大學東亞研究委員會，1980 年）；高家龍（Sherman Cochran）：《大公司與關係網 —— 中國境內的西方、日本和華商大企業（1880-1937）》（柏克萊：加利福尼亞大學出版社，2000 年）。

〔25〕郝延平：《19 世紀的中國買辦》，第 44-63 頁、第 207-223 頁。

陳錦江（Wellington K. Chan）：《清末現代企業與官商關係》
（劍橋：哈佛大學東亞研究所，1977 年）。

〔26〕彭來金（J.Panglaykim）、英格里德・帕爾默（I. Palmer）：
《企業家精神和商業風險：以印尼一家熊彼特式企業為例》（新
加坡：南洋大學商學院，1970 年）。關於先施百貨公司和永
安百貨公司，見陳錦江：〈永安百貨公司在澳大利亞、斐濟、
香港和上海的創立和早期發展：新公司的組織和策略〉，載於
安帕拉法那・拉傑斯瓦瑞・布朗（Ampalavanar Rajeswary
Brown）編：《亞洲的中國商業企業》（倫敦：勞特利奇出版社，
1995 年），第 80-95 頁。

〔27〕黃紹倫（Wong Siu-lun）：《移民企業家：香港的上海工業家》
（香港：牛津大學出版社，1988 年）。

〔28〕高偉定（Redding）：《華人資本主義精神》，第 205-225 頁，第
227-240 頁。

〔29〕義原國雄（Yoshihara Kunio）：《東南亞偽資本主義的興起》（新
加坡：牛津大學出版社，1988 年。）

〔30〕黃紹倫：《中國家族企業：一個模型》，載於《英國社會學期
刊》，1985 年，第 36 卷第 1 期，第 58-72 頁。高偉定、黃
祐怡：《中國人的組織行為心理》，載於米高邦（Michael H.
Bond）編：《中國人的心理》（香港：牛津大學出版社，1986
年），第 267-295 頁。

〔31〕多所大學將商業方法運用到社科教學，最佳範例包括上海聖約
翰大學和廣州嶺南大學。瑪麗・林巴頓（Mary Lamberton）：
《上海聖約翰大學（1879-1951）》（紐約：中國基督教大學聯合

董事會，1955 年）。郭查理（Charles Corbett）：《嶺南大學簡史》（紐約：嶺南大學基金會，1963 年），此著作主要根據美國基金委員會提供的材料。

〔32〕楊進發：《陳嘉庚：一個華僑傳奇人物的成長》（新加坡：牛津大學出版社，1987 年），第 41-78 頁。

〔33〕完整記錄李嘉誠生平的書籍為中文版，常見的有兩本，盧琰源：《李嘉誠》（北京：新華出版社，1996 年）；孫和平：《李嘉誠》（濟南：山東畫報出版社，1998 年）。

〔34〕參閱吳慶瑞（Goh Keng Swee）博士的三項著作，分別是：《現代化的經濟學》（新加坡：聯邦政府出版社，1995 年）；〈新加坡經濟發展的經驗和前景：策略制定和實施〉，該文為澳門浩然基金會主辦的研討會（1992 年 7 月 26 日 -8 月 4 日）撰寫。《經濟增長實務》（新加坡：聯邦政府出版社，1977 年）。

〔35〕德倫・高美茲（Edmund Terence Gomez）、喬莫・桑德拉姆（K. S. Jomo）：《馬來西亞政治經濟：政治、贊助和利益》〔劍橋（紐約州）：劍橋大學出版社，1997 年〕。德倫・哥美茲：《馬來西亞的華人企業：積累、優勢和調節》（里士滿：柯曾出版社，1999 年）。

四　"去傳教"

　　中國人精於陸戰，不善海戰，可是在甚麼生意場上都是贏家。19 世紀，中國外戰屢敗，中國人至今還沒從戰爭創傷中徹底復蘇。學會高效地在資本主義制度下經商是一件易事，不過中國商人在國內外結識的政治夥伴總是難以取悦。提到"去傳教"一詞，卻是另外一番情景。中國人已很久沒有接觸一種強盛不衰的外來宗教。佛教在近 2000 年前激起中國人的想像，帶來充斥中國人生活的宗教語彙，豐富了中文表達，刺激解放思想，廣受尊崇，整整 1000 年間，閱讀浩如煙海的佛典，吸收博大精深的佛家思想，似乎讓大多數中國人感到滿足，這種情況直到近代才發生改觀。[1] 中國人缺乏本土宗教皈依傳統，華夏文明源遠流長，把它傳播給非漢民族被中國精英當作己任，讓外族皈依中國宗教的想法卻絕少有之。除了一些泛神思想，中國沒有產生自己的宗教，這是個有意思的現象。對於如此歷史綿長的國家來說，這是不同尋常的。大多數中國人似乎滿足於將外來佛教與本土祭祀相結合，直到儒家學說被朝廷接納成形，用以規範庶民的生活。對他們來說，除了宗教本身以外，"佛教征服"（Buddlist conquest）最持久的影響表現在中國語言和藝術上，並進而對中國人的思維方式產生潛移默化的影響。這種影響有力地表明皈依是個複雜的過程，這是本章要討論的一個話題。

當亞瑟·韋利使用"傳教"一詞時，他主要指的是來華致力於宣傳基督教的幾代傳教士。這讓人立即想起最早來華的傳教士，如英國人馬禮遜（Robert Morrison, 1782-1834），他早在19世紀初就去了馬六甲，在那裏等待中國的開放。他在當地和香港的基督教徒為洪秀全（1814-1864）帶去了宣傳基督教的小冊子。洪秀全創建太平天國，自稱是耶穌的兄弟。在中國人看來，叛亂帶來的慘烈後果無助於提升宗教的地位。在這場席捲半個國家的殺戮中，官員和文人學士不堪其苦，對宗教最無好感，儘管其後的傳教士們撇清了這段跟洪秀全的不幸起步，傳教工作開始走上坡路。無論到哪裏，傳教士都會受到猜疑。有些傳教士及他們的皈依者被當地中國人攻擊或殺害，這種人身攻擊幾乎毫無例外地遭到英法軍隊的武力報復。反過來，這一切導致中國人對於傳教和皈依的敵意不斷升級。[2]

毫不奇怪，實際的傳教工作，轉而依附於提供社會服務，開辦醫院，創立學校，遣派醫生和教師。即使這樣，也不總是受到歡迎。極少幾個用英語寫作的傳教學者的確在精英分子中引起一些反響。舉例來說，英國傳教士理雅各（James Legge, 1814-1897）翻譯了多部中國經典著作，美國傳教士林樂知（Young. J. Allen, 1836-1907）創辦了《萬國公報》（1868-1883）和《時代論壇》（1889-1907），另外如英國傳教士傅蘭雅（John Fryer, 1839-1928）和美國傳教士丁韙良（W. A. P. Martin, 1827-1916）曾在京師同文館供職。該機構於1862年設立，培養譯員，系統組織翻譯現代數學、科學、法律、地理和世界歷史著作。[3] 從 1860 年到 19 世紀末，大約有 350 本英文書被翻譯成中文，許多書由傳教士翻譯，英、美傳教士人數大致相當。在改變宗教信仰時機不成熟的條件下，似乎必須代之以另外一種傳教形式，就是推出世俗話題的書籍。

對比之下，在甲午戰爭中羞辱了中國的日本人在戰後極受歡迎。根據實藤惠秀（Saneto Keishu, 1896-1985）在 1939 至 1940 年間發表的著述，我們了解到，從 19 世紀 90 年代末到 1912 年中華民國建立，日本教師和教育官員對推動中國現代化作出了巨大的貢獻。[4] 美國學者任達對清末新政革命作了很好的研究，他甚至認為這十年是中日關係的 "黃金十年"。日本人窮幾十年之心力，翻譯了數不勝數的西方作品，通過加速向中國介紹西方知識，這個時期可被視為日本在償還文化債務。跟 20 世紀以前的英語譯介相比，1900-1910 年間翻譯的日文作品總量是之前 40 年各大清朝官辦翻譯館的一倍半有餘。[5]

這兩方面都沒有宗教皈依的問題。對於來自英語國家的譯者來說，他們學會了刻意迴避特別讚頌基督教信仰的作品。對於日譯漢的譯者來說，對儒學普遍的推崇使知識和思想的傳譯變得輕鬆。在歷史上這一短暫的瞬間，日本人提供了通向現代知識的捷徑，而這些現代知識正是覺醒的中國精英熱忱地想要學習和借鑒的。這不是簡單地要求日本人幫助實施 "以夷制夷" 的老方法。[6] 這裏有一種真正的領悟，它已經由日本教育的成功所驗證，而且由日本贏得日俄戰爭再次證實，那就是新知識能確保中國獲得其為圖存和拯救中華文明而極度渴求的長期進步。

甲午戰爭打開了中國人的眼界，指明了中華帝國真正需要的突破方向。這是被海上強國擊潰的最後一次海戰，慘敗驅使中國人以一種徹底的新姿態向西方尋求知識，日譯本提供了這種便利。現在很清楚，日本最高當局批准了諸項計劃，決心讓中國人參與將西方國家從該地區驅除出去的事業。如果這是真正的合作努力，中國人也許會自豪地記住這"黃金十年"。不幸的是，日本在 1905-1910 年間分階段實施吞併朝鮮半島的計劃，暴露出其真正的意圖。第一次世界大戰之初，1915 年日本提出臭名昭著的"二十一條"，之後取代德國獲得在山東的統治權，建立"大日本帝國"的構想昭然若揭。[7]當時，正在日本留學的中國學生達數千名，大多數人斷定自己不得不離開，此後中國人也樂得忘卻日本人曾施與的恩惠。

我從兩個方面論述使中國人皈依這一主題。第一點，日本深刻地影響了中國對現代性的態度，這可算是皈依的一種形式。西方著作的日譯本影響了整整一代年輕的中國讀者，他們不僅通過閱讀這些著作了解西方，還接受了用以表達新思想的日本語彙，這方面的結論已很多。語言的影響是毫無疑問的，特別是在清帝國各處開辦的新學校，採用的教科書譯自日文，[8]不過，這不能跟接受教學內容混為一談。新思想從西方興起，最著名的著作大多從英語翻譯成日文，在 19 世紀下半葉奠定了在通商口岸傳播現代思想的基礎，早在那個時候，英語著作就被直接譯成中文，令清廷高官大開眼界。

最有才華的年輕官員和學子從英美歸國,最成功的海外華人重回故里,為中國的變革進一步夯實了基礎。嚴復(1854-1921)和林紓(1852-1924)翻譯了一批英國文學和哲學經典,其影響力與梁啟超(1873-1929)等人的日譯本相若。孫中山等人還以新詞為口號,將政治主張付諸實踐。當然,譯作從其他語言轉譯而來的更多。中國人想通過翻譯尤其是英文翻譯學習西方的願望和意志早就存在。1898年後的幾年,帝國主義列強"瓜分中國"的威脅變成了一種可怕的可能。同一年,所謂"百日維新"之後的戲劇性行動,以及1899至1900年間的義和團浩劫,只是加深了刻不容緩的感覺,鞭策更多年輕人挑戰長輩的正統觀念。[9]香港及海峽殖民地的華人舉行了辯論,可見上述事件之廣泛影響。辯論語言是英語,說明英國政治辭藻已深入骨髓。在林文慶(1869-1957)結集出版的《中國內部之危機》(1901)一書中,可以看到這種現象的最佳例子。[10]上海和其他城市中的中國知識分子不可能讀過此書,對他們來說,林文慶是個邊緣人物,但他使用的英語術語倒是跟同時代中文著作中渲染的詞彙相一致。

第二點,中國人樂於在這個層面上皈依,那麼為何轉向日本譯作,而不是直接閱讀英語原著?畢竟丁韙良、林樂知、傅蘭雅、李佳白(Gillbert Reid, 1857-1927)和李提摩太(Timothy Richard, 1845-1919)工作勤勉,幾十年如一日,翻譯了大量科學、工業、歷史、政治和地理著作,獻給年輕讀者。[11]許多清朝大官和嶄露頭角的科舉舉子發現這些著作饒有趣味。就日本人與儒教、英美人與基督教的關係而言,後者才稱得上是一種摒棄中國傳統的皈依。

　　與此同時，1901-1910 年期間確實發生了世俗的皈依。儘管使用的是同一個詞彙"皈依"（conversion），我的看法是後一種皈依要求的心態轉變一點也不比宗教皈依少。如果我們承認世俗變革由一些中國關鍵思想家發起，時間上還比日本人的影響（1900-1910）早幾十年，那麼得承認這種皈依首先是獲得了英語著作的支持，中國人借道日文譯著這條捷徑才可能變得如此快捷。

　　不過，中國人的皈依對象尚不明確。湖廣總督張之洞有句名言，"中學為體，西學為用"。國學理當作為總綱，皈依的只能是具有實用價值之物，對此士大夫階層的絕大多數人深信不疑。試以新政時期為例，時間上大致是張之洞光輝而漫長生涯的最後十年。1906 年，被譽為學者、考古學家、小說家的劉鶚（1857-1909）出版了小說《老殘遊記》。夢境中老殘來到山東沿海，附近正是 1895 年中日甲午海戰清軍潰敗之地，威海衛港離得很近。1898 年排外的義和團運動在山東爆發，引來各方側目，幾個月之後，列強掀起"瓜分中國"的狂潮，英國迫使清政府租借威海衛和九龍。老殘夢到一艘破船載客駛向岸邊。船員不出手相助，反而實施搶劫。劉鶚用這一形象比喻風雨飄搖的大清帝國生靈塗炭，百姓不堪吏政。他寄望清朝重振雄風，堅信中國的優秀傳統儘管荒廢蒙塵，但活力猶在，仍堪振興中華。他看低激進改革派和革命黨人，將其比作打劫船上無助難民的貪婪船員。英國人帶來的諸多宗教和世俗思想，無論是直接入華抑或通過日譯的，他都找不到任何認可的理由。[12]

　　劉鶚的出生地江蘇鎮江丹徒，離上海不遠，鎮江在他生前已是通商口岸。小說《老殘遊記》已成為文學經典。如果將此書與同時期同鄉人寫作的兩部經典作一比較，同樣不難發現對中國傳統的篤信。這兩部書，一部是《白雨齋詞話》，作者是我外曾祖父陳廷焯（1853-1892）；另一部是《宋人軼事彙編》，堂舅丁傳靖（1870-1930）所作。〔13〕《白雨齋詞話》一書對歷代詞人作了深入研究，《宋人軼事彙編》精心收集了宋朝名人逸聞，編錄成冊。這兩本書中都沒有任何外來文化的印記。1891年，陳廷焯完成《白雨齋詞話》，他的年齡與劉鶚相仿；1908年（比《老殘遊記》晚出兩年），丁傳靖寫成《宋人軼事彙編》，他比劉鶚小13歲。這三本書的共同點是篤信不朽的中華傳統。十年後中國社會將發生劇變，書中卻沒有絲毫反映。當年改革派和革命黨人的焦灼之聲，在這一代精英身上幾乎找尋不到，因為這三位作家更趨近主流觀點。

　　值得一提的是，這三位的故鄉鎮江從19世紀60年代起一直是通商口岸。在他們動筆寫書之時，英美傳教士來華活動已有三、四十年之久，僅劉鶚在書中提到外來強國諸如英國的強大新思想傳入中國。近幾十年，史學研究偏向受新思想挑戰而興奮不已的進步人士。事實上，上述作家無視外來思想帶來的挑戰，一味抱持中國傳統文化，其觀點更代表中國士大夫階層中的大多數。他們都敵視這種觀點，即來自英語國家的精神傳播者一定能為他們提供些甚麼。但是，就在丁傳靖的《宋人軼事彙編》一書出版的十年之內，一股外來思想文化的皈依大潮迅速將他們這種人推離舞台中央。〔14〕

　　第一次世界大戰結束之時，雖然"皈依"的教徒數量激增，但皈依基督教者寥寥可數。大批中國知識青年皈依了哪種宗教？請記住，數千名虔誠的英國傳教士，比如馬禮遜傳教士，他們在馬六甲和香港做中國青年的工作，傳播福音長達 80 多年，奇怪的是 1918 年之前，皈依基督教的人數實在稀少。僅戴德生（James Hudson Taylor, 1832-1905）領導的中國內地會就派出 800 多名傳教士來華，李提摩太及其同事通過廣學會（成立於 1887 年），向中國新一代青年灌輸新知識。[15] 許多傳教士放下了宗教教育的擔子，傳授世俗知識，滿足了中國人對知識的好奇心，受歡迎程度甚於弘揚宗教。英美傳教士合作共建的多所學校和醫院，結出纍纍碩果。美國傳教士尤為熱心，將皈依的中國基督徒送往美國深造，有些教徒傾其畢生精力於中國福音事業。傳教工作耗費甚鉅，需要資金人力無數，跟實際皈依的中國基督徒是否成正比，有待商榷。值得注意的是，在中華民國建立後的十年中，將現代教育傳播到中國大多數角落的艱巨工作，是由基督教傳教士啟動的。在 20 世紀初，中國官方投入世俗教育的資源少得可憐，兩者相較，實乃天壤之別。[16]

　　我們經常讀到如下故事：孫中山是基督徒，他的接班人蔣介石領導了國民黨，在跟孫中山的妻妹宋美齡結婚後，也皈依了基督教循道公會。孫中山早年跟檀香山伊蘭尼書院和香港中央書院（今"皇仁書院"）的一批英國教師多有來往，這一點很少有人注意到。孫中山轉學香港華人西醫書院，這所學校的創建者是虔誠的基督徒何啟（1859-1914），其妻是英國人。孫中山在香港結識了教務長康德黎（James Contlie, 1851-1926）博士，師生交往彌密，感情甚篤。這些人對孫中山的長期影響是潛移默化的，比基督教信仰更重要的是，他將現代化作為世俗皈依，以此拯救中國。國家、民族主義和通過革命拯救民族是他的新宗教。[17] 對於他這一代的許多中國人來說，基督教不代表摒棄傳統，而是勇於發現，追求進步。進步背後則是他在學校接受的科學知識的力量。

旅居英屬馬來亞的華人，反應也是相似的，當地官員創辦了幾所官辦世俗學校，卻不願傳播基督教，儘管他們宣導多元社會，崇尚寬容。在大城鎮建校的傳教士中，英國傳教士面對強勢的美國新教徒傳教團和來自愛爾蘭與歐洲大陸的天主教傳教團，通常顯得勢單力薄。中國學生與英屬印度、錫蘭、斯里蘭卡（主要來自南部的印度人、穆斯林人），當地混血兒以及馬來亞各州穆斯林等各族移民的子女一道上學。師資從當地基督徒或直接從南亞、華南的基督徒中招募。儘管大多數學生接受英人世界觀，效力於當地政府和商企，但華人真正皈依基督教者卻不多。

形成鮮明對比的是，中國學校教授漢語，普及現代科學，使用上海版教材，這種勢頭一發不可收拾。[18] 皈依模式是多種多樣的。也許是間接的"皈依"，但其影響深遠，對當地中國人應該如何在英國管轄地行為處事的觀點提出了嚴重挑戰，特別是對英語學校官方教材中大力宣傳的公民價值觀構成威脅。有趣的是，這些現代思想如果由來自盎格魯民族的老師親授，不總受人歡迎，但通過消化吸收，由擁有現代意識的中國人改頭換面後出版中文書，讀者反應卻是甚佳。

我在前文中指出，對英國文化的反應因中國人團體的不同而異。不過，科技發展日新月異，其神奇魅力令人驚歎連連，從而誕生了第一批皈依者。久而久之，有待掌握的基礎的科學原則一旦被接受，就改變了全民教育的本質。皈依異質文化尤其是外國觀念，毫無坦途便道可走。英國和歐洲諸國思想帶來的衝擊具有不確定性和不可預知性，不亞於中國人變幻莫測的反應。不管這些思想初來乍到有多強悍，中國人最終以一己之需，選擇最為迫切的需要。這一理性的過程可否算是皈依？這可能不是宗教體驗，但就描述中國人的世界觀蛻變而言，該詞再合適不過。我得趕緊補允一句，這並不意味着中國人贊同英國人，接受後者的價值觀。真正改變的是，中國人能夠利用這些現代術語的中文對等詞，繼續吸收西方世界可供學習的最新知識和方法，如有必要，有理有據地反擊外國人對於中國人相信自己應該得到甚麼這一點的批評和攻擊。

白話文又稱國語，現在稱為普通話。20世紀初大量使用白話文是研究皈依的有用線索。陳獨秀（1879-1942）和胡適（1891-1962）領導的白話文運動是一場解放的運動。這場文學革新的領導人陳獨秀曾留學日本，胡適留學美國。白話文運動將中國的年輕人從古文句法和通行於各種官文通函的公文體的桎梏中解放出來。幾個世紀以來，受佛典通俗教化以及如《西遊記》、《水滸傳》和《紅樓夢》等小說的影響，古文之根基漸趨鬆動。20世紀初，林紓還堅持用古文翻譯莎士比亞戲劇和幾位英國小說家的作品。譯著頗受好評，白話文推廣或許暫且降溫，但對於新一代年輕人，他的風格和品質帶來了一種嶄新的文學情感。[19] 林紓的翻譯使外國文學作品增色不少，彰顯了英國浪漫派詩作之文學藝術價值，表現出查理斯・狄更斯（Charles Dickens）散文之自由奔放的神韻，甚而烘托出湯馬士・哈定（Thomas Hardy）道德故事之陰鬱悲愴的色彩。中國的年輕學者訪學英倫，受益匪淺，例如詩人徐志摩（1897-1931）、美學家朱光潛（1897-1986）、小說家老舍（1899-1966）和許地山（1893-1941），以及英國小說家科士打（E. M. Forster, 1879-1970）的摯友，著名記者蕭乾（1910-1999），在此不一一贅述。[20] 關於英國，這些學者帶來了別樣感受，字裏行間閃現的細膩情感和敏銳思想，是同時期有關英人的中文著作及文章中所沒有的。以下略談三個迥然不同的人：朱光潛、徐志摩和蕭乾。

朱光潛受到英倫教育直接和間接的雙重影響，這種經歷不可不提。朱光潛出身著名的儒家學者家庭，1918 年被北洋政府教育部選派到香港大學學習，全無英語底子。通過聆聽英語文學、心理學和教育學課程，朱光潛接觸了英國文學經典，拜讀了柏拉圖和亞里士多德的作品。他因此徹底地"皈依"，並於 1923 年畢業後直接去英國留學（1925-1929，畢業後在歐洲再待了四年）。他在格拉斯哥大學獲得博士學位，論文增補後出版，書名是《悲劇心理學：各種悲劇快感理論的批判研究》。朱光潛後來成為中國學者中研究文學理論的始祖。為了了解他當時如何看待他"皈依"的歷史瞬間，我們來閱讀他寫於 1944 年的一篇散文，文中他回憶了香港大學的一位教授：

……［你是］我的精神上的乳母。我跟你學英詩，第一次讀的是《古舟子詠》，我自己看第一遍時，那位老水手射死海鳥的故事是多麼乾燥無味而且離奇可笑，可是經過你指點以後，它的音節和意象是多麼美妙，前後穿插安排是多麼妥貼！一個藝術家才能把一個平凡的世界潤飾成為一個美妙的世界，一個有教學技巧的教授才能揭開表面平凡的世界，讓蘊藏着美妙的世界呈現出來。你對於我曾造成這麼一種奇跡。[21]

正是這種奇跡引領朱光潛，讓他跟幾代中國學子分享他領悟文學新思想的興奮。他不僅成為一名盡心盡責的教師，為了激勵青年，還撰寫了一本清新自由的散文集，書名是《給青年的十二封信》。該書寫於 1926 年，他正在格拉斯哥。[22]這種詩體語言成了他的文風，在他著作等身的創作生涯中，貫穿了教育心理和美學的寫作。這可能不全是基督教傳教士期盼的皈依，但他試圖傳達的理想主義畢竟還是心態的巨大轉變，也算退而求其次吧。

既然我在開頭提到亞瑟·韋利的文章《我們欠中國的情義債》，眼下又在劍橋做演講，下面就說說詩人韋利筆下的徐志摩。當時，徐志摩經狄肯遜的引薦，來劍橋大學國王學院深造。韋利的原話是這麼說的：

沒有人如此純粹地歸屬浪漫主義時代。拜倫是他的榜樣和英雄。他樂於將自己看作中國的恰爾德·

哈洛爾德，儘管這種比擬不符合他的天性。他有一張
瘦削的長臉，長得一點都不像拜倫，倔強的嘴巴似乎
決意表明率性而為的生活；他身上沒有絲毫拜倫式的
憤世嫉俗。〔23〕

韋利不無遺憾地説，"偉大的英國人到過中國，沒給中國
知識階層留下印象"。他注意到像狄肯遜、羅素（1872-1970）
和羅伯特‧特里維廉（1872-1951）等人到中國結交朋友，學習
訪問，"給了中國人關於我們的全新看法"。我不能肯定這種
説法是否真實。狄肯遜對古希臘人的見解被翻譯成中文，羅伯
特‧特里維廉翻譯的一些希臘悲劇也傳到了中國，但是我們沒
有找到他們影響中國人的文字記載。〔24〕但羅素是個世界知名
人物，1920 年受邀訪華，中國知識界渴望聽他的話。然而對
於東道主，他卻是一個謎，讓他們失望。中國人一開始捧他，
其時正趕上中國民族主義情緒高漲，又天真地發現了蘇俄社會
主義，羅素坦誠直率的觀點可謂生不逢時。他在聽眾中的影響
微乎其微。1922 年，《中國問題》一書出版。他在書中極力對
中國進行解釋，卻受到冷落，直到 1996 年才有中譯本面世。
即使到現在，年長一些的中國人對早年與羅素交往未能產生更
多成果，還是感到些許遺憾。〔25〕

記着韋利説過的話，下面允許我再引用他文章中描寫的中
國第一個真正的現代詩人 —— 徐志摩的詩。這首詩擷取了中
英之間本該會有的畫面，倘若兩國的雅士淑女真的有幸相逢，
而不是只有官員、商人和士兵的例行會面。以下是《再別康橋》

的片段：

> 輕輕的我走了，
>
> 正如我輕輕的來……
>
> 尋夢？撐一支長篙，
>
> 向青草更青處漫溯；
>
> 滿載一船星輝，
>
> 在星輝斑斕裏放歌。
>
> 但我不能放歌，
>
> 悄悄是別離的笙簫；
>
> 夏蟲也為我沉默，
>
> 沉默是今晚的康橋！
>
> 悄悄的我走了，
>
> 正如我悄悄的來；
>
> 我揮一揮衣袖，
>
> 不帶走一片雲彩。[26]

漢語在此徹底解放了，詩意飛揚而不絕。

1942 年，相隔 15 年之後，蕭乾在科士打的幫助下，放棄英國倫敦大學亞非學院的講師職位，入讀劍橋國王學院。[27]蕭乾生於北京，有一半蒙古血統，少年時代成了孤兒。一個堂兄的美國妻子幫助他進了長老會學校，開始英語啟蒙教育。蕭乾考入天主教會學校輔仁大學，後畢業於新教教會學校燕京大學。面對不苟言笑的基督教原教旨主義（foundamentalist），他的精神皈依了英國小說,一開始是維多利亞時期作家,之後興趣轉向現代作家:大衛·勞倫斯(D. H. Lawrence, 1885-1930)、維珍尼亞·胡夫(Virginia Woolf, 1882-1941)、科士打和詹士·喬伊斯(James Joyce, 1882-1941)。他開始翻譯英詩和英文小說,將包括新劇在內的中國作品譯成英文。他還開始寫小說。最後,他被燕京大學新聞系吸引,成為埃德加·斯諾(Edgar Snow, 1905-1972)的學生,畢業後入天津《大公報》工作,該報是當時最著名的獨立報紙。1939年,蕭乾從天津前往倫敦大學亞非學院。他是第二次世界大戰時為數不多的生活在英國的中國人,教授中文,為親中團體做演講,應英國廣播公司之邀做廣播節目,並出版了幾部作品,包括英譯作品集《千弦琴》,書中轉載了韋利的電台談話《我們欠中國的情義債》。

在自傳體回憶錄中,蕭乾寫道:

> 在筆會活動中,我結識了許多英國作家……我同科士打結下了真摯的友誼。這份友誼其實也並非偶然。科士打生平最要好也是對他影響最大的朋友是高爾茲華綏·婁斯·狄肯遜。科士打曾為他寫過傳。狄肯遜於民國初年來過中國,回英後寫了一本《"中國佬"信箚》,他像18世紀的英國作家哥德史密斯在《世界公民》中那樣,把中國寫成烏托邦,用以諷刺英國。由於那本書以及他同狄肯遜的友誼,科士打很早就對東方產生了興趣。[28]

蕭乾和科士打通信，前後 80 封有餘，留存下來 40 封。蕭乾得出結論，"一個中國文學青年跟一位著名的英國作家結下友誼。作家加深了青年對西方文化的了解，青年增進了作家對中國的認識"。[29]韋利認為那些英國人結交朋友，學習訪問，給了中國人"關於我們的全新認識"，這段友誼恐怕是另一個理由。

蕭乾懷着赤子之心回到祖國，支持毛澤東領導的革命。1957 年，他因資產階級思想而受到迫害，"皈依"受到嚴重考驗。他將信仰堅持了下來，1979 年平反後，他已開始英國小說的譯介。在科士打的影響下，他從亨利·菲爾丁（Henry Fielding, 1707-1754）的作品開始，先後翻譯了《大偉人江奈生·魏爾德傳》和《湯姆·鍾斯》。他從沒忘記科士打對喬伊斯小說《青年藝術家的肖像》的褒獎，也記得他把自己寫的論喬伊斯《芬尼根的守靈夜》的文學評論向博學的導師佐治·里蘭斯（George Rylands, 1902-1999）宣讀。在人生低潮時，他循依青年時候的"皈依"，譯出《尤利西斯》，因譯筆高超而獲殊榮。1994 年，三卷本《尤利西斯》正式出版，蕭乾已年屆84 歲。[30]

跟前輩胡適一樣，朱光潛、徐志摩和蕭乾是因英語文學而"皈依"，特別是因徐志摩改造成漢語清新詩風的英語詩歌語言。這種影響可以跟英屬印度文學巨匠泰戈爾（Rabindranath Tagore, 1861-1941）和穆罕默德·伊克巴爾（Muhammed Iqbal, 1877-1938）等相比擬，他們受英語作品和思想的啟發，分別用孟加拉語、波斯語和烏爾都語創作了生動的詩歌。然而，英語學子不用母語來寫作，情況就不同了。在海外，老師直接要求在英屬殖民地出生和定居的華人用英語寫作，類似的發展或影響就不存在。只有幾十年之後，到了 20 世紀 50 年代，英聯邦的華裔作家方用英語寫出有影響力的作品。幾乎在同一時期，英聯邦各地的亞裔和非裔作家用英語創作，在詩歌、小說、戲劇等藝術領域嶄露頭角。不久，亞裔美國人努力加入英語文學的主流中去，其中很大一部分是華裔羣體。[31] 不過，這種現象跟向中國文學注入全新生命的"皈依"是不同的。

我在前文提到，只有本國口語成為課堂用語，語言皈依才告完成。這種影響跟喬叟用英語創作《坎特伯雷故事集》相仿。在大學裏使用"白話"(bai hua) 講授每一門現代課程，對青年人的影響肯定是巨大的。前面提到美國人在中國興辦了多所文科院校，英語被尊為中國學生的第一外語。日語和法語同時也具備了強大的競爭力。英、日、法這三種語言一起，將中文口語打造成一種強大的工具，豐富的詞彙足以傳達中國人想要從西方學到的所有新思想和新發現。

這種語言的影響很少來自英語的實際使用者。早先大多數中國人對偉大的中華文明感到無比自信，但當時，也有幾個有趣的特例。容閎（1828-1912）是第一個精通英語的中國人，但在中國一直很有影響力。1847 年，他結束香港的學業，赴美留學，1854 年，他從耶魯大學畢業。容閎講的實用英語帶着基督教的色彩，但他繼續為祖國的外交事業奉獻着自己的力量。後來，許多人向他學習，古文根底也不錯的學子大多步其後塵，踏上中美職業之路。[32]

　　第一位在英國大學求學的人卻有着與之截然不同的經歷。主人翁是辜鴻銘（1857-1928），在對中文一無所知的情況下，年輕時開始學習英語，他出生於檳城，後在北京大學出任拉丁語教授，在 20 世紀的前 25 年，來華的西方人有一說，到北京可以不看紫禁城，但不可以不看辜鴻銘。他家三代先後定居馬來邦和海峽殖民地。其養父是蘇格蘭人，1870 年前後送他去蘇格蘭讀書，1877 年他從愛丁堡大學畢業。後來從馬來亞和香港殖民地前往英國的中國人大多學醫學法律，而辜鴻銘原本諳熟希臘語、拉丁語和德語，他攻讀的是文學碩士學位，又喜歡上了英國浪漫主義詩人。辜鴻銘回亞洲之後，遭遇了反向的"皈依"，其時，前文提到的劉鶚、陳廷焯和丁傳靖等一批古典文學家篤信中華文明長盛不衰，辜鴻銘受到影響，迷上了中國古典文學。

　　辜鴻銘與林文慶均出生在海峽殖民地，接受英語教育，不妨拿來作一比較。1887 年，林文慶追隨辜鴻銘，來到愛丁堡，他也回歸中國經典著作，極力推崇恢復儒學的價值。兩人從英語教育背景到中國信徒的"反向皈依"，可謂後無來者。[33] 用外語復興中國人信仰之舉被同時代的愛國者詬病。對於大多數年輕中國人來說，下一代作家，如朱光潛、徐志摩等千百名作家創作的煥然一新的中文文學作品，才標誌着新的文化生活和風尚的誕生。

　　中國宗教素有包容傳統。從古到今，宗教戰爭皆無所聞。13 世紀宋朝末年，人們將佛教和道教思想納入復興了的儒教。這似乎消弭了對其他信仰和哲學的需要，也使得大多數中國人毫無痛苦或皈依感地接觸到各種各樣的宗教體驗。人們普遍接受農業社羣主義和帝王道統。為滿足精英階層的需要,鼓勵社會穩定和承認個人發展的人生三階段論得到理性肯定。年輕人受到勸誡而用功讀書,借修身養性進階為儒士。步入中年之後,常習上乘道家功法,強身健體。老年生活靜好,正契合佛學經典追求的祥和境界。人生若此,又何必強求激情澎湃的皈依呢?

20 世紀 20 年代以後,青年人響應革命號召,拋棄了支持兩種宗教的無所不包的儒教,到哪裏去尋找用以取代人生修養三階段的現代理論?承載着科學新知的新語言體現在輝煌的新科技上,並受到人們就基於"科學主義"的最高信仰展開的激辯的強化,當青年人皈依更加自由的語言時,他們是在尋找世俗信仰。有些人走上了民族主義者號召的追尋財富與權力的道路。另一些人奉命通過學習科學知識和向社會奉獻實現自我來"鬧革命"(make revolution)。19 世紀後期以來,英語的功績逐漸清晰可見。

嚴復這樣的中國人本身就舉足輕重。嚴復曾在福州船政學堂學習航海等科技知識,他是最早被派往英國留學的學生,到格林威治皇家海軍學院學習英國軍力之奧秘。下一章中,我將討論他對英國治理體系有保留的欽佩。嚴復的功績在於譯書,他翻譯了湯馬士 · 赫胥黎(Thomas Huxley, 1825-1895)、赫伯特 · 史賓沙(Herbert Spencer, 1820-1903)、亞當 · 斯密(Adam Smith, 1723-1790)和約翰 · 斯圖亞特 · 穆勒(John Stuart Mill, 1806-1873)等人的著作,尤其是史賓沙的著作,書中的社會達爾文主義影響了幾代中國青年人。[34]另一位受到更好訓練的科學家是地質學家丁文江（1887-1936），他曾留學格拉斯哥，在英國居住了七年。儘管他也助長了對科學神奇力量的膜拜，但他的捍衛科學之舉成為摒棄傳統孔孟儒學復興的重大宣言。沒過多久，凡是科學的即是正確的，"不科學的"成為最嚴厲的否定。[35]

尋求宗教皈依的傳教士也有一份功勞。他們用"盲目崇拜"來評價中國宗教習俗，翻譯後就是"迷信"。"迷信"一詞被用來描述佔星家、算命師和風水佔卜士的生意，指涉大多數中國人對於鬼神和惡靈的信仰。由於這些信仰和習俗也不被深明事理的儒士和佛教徒所接受，這個強大的詞語很快在知識青年一代中廣泛使用。但是，沒人料到它會成為"科學"的反義詞，有一天被用來反對任何被稱為"傳統"的思想觀念。令人哭笑不得的是，該詞也被用來反對包括基督教在內的所有宗教。一旦"迷信"在漢語中內化為譴責詞，而科學又是衡量真理的唯一標準，我們於是觀察到一種類似皈依的情形，即對一種建立在理性和觀察、數學計算和實驗室試驗基礎之上的世俗世界觀的全盤接受。

這讓我想到把中英聯繫起來的兩個引人注目的故事。這只可能發生在崇拜科學的背景下，從而只可能發生在篤信利用科學復興中國之士得志之後。第二次世界大戰後，中國年輕科學家在美國這另一個英語大國進行科學研究，榮膺諾貝爾獎，他們的優秀才華毋庸贅述。亞洲科學天才 —— 主要來自中國和印度 —— 不斷湧現，其海外表現令世界讚歎。他們只是冰山一角。然而，大多數優異成就來自與歐美同行的精誠合作，因此這一點無從告訴我們科學在其家鄉人民中的影響。更有啟迪作用的是來自於跟"科學社會主義"新信仰有關的故事，以及人們對中華文明所取得的科學成就日益濃厚的興趣。

中共第一任總書記陳獨秀力促年輕人高舉"科學與民主"的大旗拯救中國。通過一代人的時間，"科學社會主義"進入民族主義者的話語，它所引發的辯論甚至可能改寫了中國的社會和經濟史。[36] 資本主義、帝國主義和社會主義的語言來自馬克思和恩格斯的著作，這些思想最終源於他們在大英博物館裏成形的思想，並受到曼徹斯特工業成就的啟迪，此處就不再展開。但這可與被產業革命改變的英國面貌一起加以考慮。在查理斯·狄更斯的小説中，產業革命得到了最佳表現。通過林紓優美翻譯的這幾部小説，深受中國讀者喜愛，通過這些小説，關於剝削的資本主義的語言和形象，形成了巨大的衝擊力，強化了科學及科學研究的價值。小説激發人們辯論明末清初（16-17 世紀）[37] 中國資本主義如何萌芽，討論中國傳統社會中的科學早期發展史。在現代科學來臨前，中國人從沒垂青過這樣的話題。中國人是偉大的發明者，但不重視發明人。人們知道誰發明了紙張、指南針，也知道誰是第一個偉大的醫生，但沒人想得起來是誰發明了印刷術或火藥。宋元明時期，人們更看重農業、養蠶和本草書籍。18 世紀，宋應星（1587- 約 1666）於 1637 年問世的著作《天工開物》已經廣受尊崇，日本人尤其重視這本書，但是，技術背後存在科學，科學是通向更大的真理並駕馭自然的鑰匙，這樣的思想是明顯缺失的。[38]

　　二十世紀二三十年代，中國學者開始覺醒。對於新知識的興趣是遲疑不定的，甚至在不斷辯解，沒人自信地提出大膽的科學主張，但最早的行動還是來了，研究成果主要是撰寫數學、天文和地理學科的早期歷史。然後，有學者探討煉金術和化學的起源、古代機械裝置和現代工程發明之間的聯繫。[39] 一本較為雄心勃勃的書是由兩個中國人合著的，他們一個是在香港，另一人在劍橋，均受訓於英國的醫學院，這本書就是王吉民、伍連德（1879-1960）合撰的英文版《中國醫史》，1936年出版。王吉民負責歷史部分，伍連德負責中國醫學的新發展，其中包括他自己的成果。王吉民畢業於香港西醫大學堂，伍連德則出生馬來亞，後考取英國女王獎學金。這本著作集中闡述了中國古代到 20 世紀 30 年代的醫學發展史。書中對古今醫學的相互溝通做了有益的嘗試，但中國傳統醫學和西方現代醫學的差別終究太大，兩位作者充其量指出了這一鴻溝不可彌合，未作專門論述。[40]

　　幾乎同一時期，一些中國學生赴劍橋投師李約瑟（Joseph Needham, 1900-1995）。對於敏慧好奇的李約瑟來說，跟中國的因緣就此開始播種。這些在英國受訓的中國科學家學成回國，李約瑟為了跟蹤他們的研究，有了戰時訪華的機會。他在中國結識了相關的幾乎各行各業的學者，經過一系列卓有成效的討論，作出了研究中國科學發展史的決定。這一研究的領航人非他莫屬。中英歷史上最偉大的科學發現旅行，就此起航，劍橋大學理應感到驕傲。倘若沒有皈依自然和社會科學的新信仰，人們就不會欣然支援李約瑟，給予他應有的尊重。在中英交流史上，李約瑟的貢獻足以名垂青史。請記住，這場皈依並非英國傳教士實現，而是英國的科學技術成功帶來的。"中國科學技術史"專案尚未結題，的確需要多卷本才能充分涵蓋。這段中英文化的交流歷時150年，錯綜而複雜，我在此提供的只是對其盛況的簡短的個人褒評。

從沒有人像李約瑟那樣找遍所有殘存的中國科技文獻資料，在已出版的多卷本《中國科學技術史》一書中，他對這些資料作了詳盡的審視和剖析。他幫助中國人樹立民族自豪感，指明關於中華文明研究的現代學術的新方向。中國的這一代人接受中國"落後"為既成事實，認為唯現代科學方能拯救之。究落後之因，無非政治孱弱，文化停滯衰落。李約瑟通過研究，讓中國人恢復自信。

李約瑟認為，文明是人類千年活動的產物，各國各族人民都推動了科學進步。來自世界各地的涓涓細流匯聚成浩蕩的知識海洋，歐洲現代科學方始興起。各種前現代或原科學的存在表明，在過去300年取得爆炸性發展之前，科學文明就已產生了。這並非說中華文明的科學性毋庸置疑。在這套鴻著裏，李約瑟提出，在自然科學的領域，有理由相信過去所有的文明，會融合成一種全球文明。

我不準備詳述李約瑟如何看待中華文明。他顯然認為中國哲學是整體的、有機的，反對分析性思維；專制的家庭和國家體制不利於知識合作和"技術轉讓"；科舉制藐視農民和藝匠的發明。這些因素造成中國所謂的科學"惰性"或"停滯"。當然，我們現在知道了，在數學、天文觀察和計算、農業工具和技術、煉金術"實驗"、火藥發明、印刷術革新及天文鐘構件等領域，科學書籍俯拾皆是，提供對各種問題的解答。不過"為甚麼中國沒有發展出現代科學"這個問題問得好，因為它釐清了中國歷史各階段中科學的概念，並揭示了豐富的現象，從而闡明了科學在中華文明中所處的地位。[41]

1949 年，新中國建立，北京具有了新的自信。詩人、史學家和理論家郭沫若出任中國科學院第一任院長，所有知識都被歸入科學。許多著述開始講述過去三四千年中"中國的偉大科學和文化成就"。有趣的是，之前幾百年的大多數時候，中國學者的看法正好相反。沒有人聲稱中國人發展了科學，而是認為中華文明急劇衰落，是因為沒有科學。他們認為中國急需科學教育。1949 年，馬克思主義理論壓倒一切，認為知識即科學的人以為問題就此解決。李約瑟的偉大成就必須放在這個背景下加以審視。儘管他不是為了探索中國科技而去研究早期手工藝品和文獻的第一人，但卻是首位綜合研究這個問題的學者。李約瑟激發人們重新思考中華文明的本質，促使人們思索以前不屑發問的問題。

在這種背景下，有人也許會問，中華文明的結局是否就是組成這個全球文明的眾多民族文化中的一個？具有中國特色的科技文明是否存在？中國古代文明的精髓在當前得到"科技"(這個受歡迎的詞語的意思是科學和技術)強力支援的情況下，是否仍然能作為中華文明保存下來？中國近代有一思想，"中學為體，西學為用"，這一思想重新激發中國人的興趣，不是偶然的。科學是一種方法或工具，是掌握先進技術奧秘的手段，可用來獲取國家財富和權力，這一點再次得到強調。

李約瑟本人清楚地知道，現代"數學化的自然科學"，要求篤信關於宇宙本質的哲學立場。他在中華文明中極力尋找這種科學，主要是為了表明中國雖然距離最新科學發現尚有差距，卻一直是世界史的一部分。中國前現代科學的發展也許遭受政治體制和當地文化價值觀的阻礙，但中國人在過去幾百年的創造發明中，明確地表現出發展科學的能力。如果中國發展科技文明是合乎情理的要求，那麼全體中國人都會認同科技文明並引以為傲。

在中英交往的大背景下，中國人擺脫基督教，轉而皈依科學，這是否算是一種幸運？這取決於怎麼看科學。科學觀至少有三種。第一種科學觀是 20 世紀的中國人最容易接受，也最普及的，它源於這樣一種觀點：科技（科學作為一種硬知識，支持技術發展）是一個現代國家財富權力的基礎，這種觀點成為中國新世俗主義的核心；學者和知識分子更容易接受第二種科學觀，他們中的大多數人認為，科學主要是一種提供研究的偉大方法論，是一種敏銳的思想工具，說理清晰，引發好奇心；至於第三種方法，更多見於西方，在這裏，科學上升為一種信仰源泉，使得信眾讚歎創世神跡，歐美基督徒要麼信仰不受其科學研究的影響，要麼科學研究加深了信仰。這樣的信眾在海外華人中也可找到，特別是在出生當地的第二代、第三代定居者中，但據知，中國大陸的科學家很少有人轉向有組織的宗教。不過，如果人們發現經濟成功和飛速的社會變革不能滿足自身的精神需求，崇拜科學容易產生新的信仰。一旦科學不再阻礙個人信仰，新的皈依衝動又會萌發。那種信仰也許不能歸之於基督教傳教士的成功，但誰能斷言皈依科學不能播下其他種類的皈依種子？

俗話說："物極必反。"如果走到極端，沒有哪種皈依是完美或完全積極的。科學居然可以不徹底掌握，過度強調"科學"社會主義，導致毛澤東發動無產階級"文化大革命"，中國人重新回到蒙昧主義的恐懼年代，陷入對於聖人領袖的世俗崇拜，這種情形讓人唏噓。皈依基督教不是重回迷信。當然，盲信科學不能作為盲信財富和權力的護身符。下一章的內容是通向政治權力之路，這是亞瑟・韋利列出的第四項——"統治"。

注　釋

〔1〕　尉遲酣（Holmes Welch）：《中國佛教的實踐》（劍橋：哈佛大學出版社，1967 年）；許理合：《佛教征服中國：佛教在中國中古早期的傳播與適應》（萊頓：布里爾出版社，1959 年）。

〔2〕　拜恩・夏里遜（Brian Harrison）：《等待中國：馬六甲英華書院（1818-1843）以及 19 世紀早期的傳教團》（香港：香港大學出版社，1979 年），傑克・格戈里（Jack S. Gregory）：《大不列顛和太平軍》（倫敦：勞特利奇、基根 – 保羅出版社，1969 年），史景遷（Jonathan D. Spence）：《上帝的中國之子：洪秀全的太平天國》（紐約：諾頓出版公司，1996 年）。

〔3〕　柯文：《1900 年基督教傳教團及其影響》，載於費正清：《劍橋

中國史》第 10 卷,《晚清史(1800-1911)》(上卷),第 543-590 頁。1992 年 10 月 3 日,余英時在香港大學獲頒名譽文學博士學位,他在頒授典禮上宣讀了一篇關於理雅各作品的優秀論文。關於《萬國公報》,見阿德里安・貝奈特(Adrian A. Bennett):《〈萬國公報〉(1874-1883)研究指南》(三藩市:漢學研究資料中心出版社,1976 年)。

〔4〕 實藤惠秀著,譚汝謙、林啟彥譯:《中國人留學日本史》(北京:三聯書店,1983 年)。

〔5〕 任達(Douglas R. Reynolds):《中國(1898-1912):新政革命與日本》(劍橋:哈佛大學東亞研究理事會,1993 年),第 1-14 頁及第 111-126 頁;〈中國(1895-1912):自上而下改革與中國晚清革命〉,見任達編:《中國近代史(1840-1919)》(阿蒙克:夏普出版社,1995 年)。

〔6〕 魏源的同輩人以及包括李鴻章、左宗棠在內的早期改革家都提出了這種主張,見芮瑪麗(Mary Wright):《同治中興:中國保守主義的最後抵抗(1862-1874)》(修訂版),(紐約:雅典娜神殿出版社,1966 年)。

〔7〕 比斯利(W. G. Beasley):《日本帝國主義(1894-1945)》(牛津:克拉倫頓出版社,1987 年),第 108-121 頁。鹿島守之助(Morinosuke Kajima):《日本外交(1894-1922)》第 3 卷(東京:鹿島平和研究所,1976-1980 年),第 126 頁。

〔8〕 實藤惠秀:《中國人留學日本史》,第 281-338 頁。

〔9〕 張灝(Chang Hao):《危機中的中國知識分子:尋找秩序和意義(1890-1911)》(柏克萊:加利福尼亞大學出版社,1987

年），他對於四位優秀知識分子所作的結語，第 181-191 頁。

〔10〕林文慶（Lin Wen Ching）：《中國內部之危機》，里夫（G. M. Reith）編，（倫敦：國會圖書館，1901 年）。李元瑾：《林文慶的思想：中西文化的匯流與矛盾》（新加坡：新加坡亞洲研究學會，1990 年），第 78-86 頁。

〔11〕阿德里安·貝奈特：《傅蘭雅：把西方科學技術引入 19 世紀的中國》（劍橋：哈佛大學東亞研究中心，1967 年），保羅·博爾（Paul R.Bohr）：《中國的饑荒與傳教士：李提摩太參與賑災和宣導國家改革（1876-1884）》（劍橋：哈佛大學東亞研究中心，1972 年），丁韙良：《漢學菁華》（紐約、芝加哥：弗萊明·H. 瑞維爾出版公司，1901 年），《翰林集》（倫敦：特呂布納出版公司，1880 年）。

〔12〕劉鶚著，哈樂德·沙迪克譯：《老殘遊記》（紐約：哥倫比亞大學出版社，1990 年），第 xix-xxv 頁、第 3-11 頁。此書由康奈爾大學出版社（紐約州）於 1952 年初版。

〔13〕陳廷焯：《白雨齋詞話》。1894 年，我的一個叔曾祖父王耕心以傳統木版首次把此書編輯出版，全書共 8 章。20 世紀 30 年代，上海開明書店以現代印刷技術重新刊印。1959 年，北京文學古籍刊行社推出標點版。1984 年，上海古籍出版社再次影印了完整的共十章的手稿本，同時出版的還有他的選集《詞則》。

1911 年以後，丁傳靖的小說為人所知。他在 1930 年過世，之後出版的詩集使他更加出名。章楚、朱璋合譯：《宋人軼事彙編》（1935 年商務印書館初版）（台北：聖約翰大學出版社，

1989 年）。

〔14〕舒衡哲（Vera Schwarcz）：《中國啟蒙運動：知識分子與五四遺產》（柏克萊：加州大學出版社，1986 年），第 94-144 頁，林毓生（Lin Yu-sheng）：《中國意識的危機：五四時期激進的反傳統主義》（麥迪森：威斯康辛大學出版社，1979 年）。本杰明·史華慈（Benjamin I.Schwartz）編：《五四運動的回顧》（劍橋：哈佛大學東亞研究中心，1972 年）。

〔15〕戴存義夫人（Taylor, Mrs. Howard）（金樂婷）：《內地會在中國》（兩卷），戴存義的父親戴德生寫了前言，倫敦：摩根 – 斯科特出版社，1900 年。海恆博（A. J. Broomhall）：《戴德生與中國的開放世紀》（斯文諾克：霍德和斯托頓出版公司、海外基督教使團，1981 年）；保羅·博爾：《中國的饑荒與傳教士》。戴存義：《戴德生傳》（新加坡：海外基督使團，1989 年）。

〔16〕派特·巴爾（Pat Barr）：《帶着愛來中國：新教傳教士在華生活與歲月（1860-1900）》（倫敦：塞克爾和沃伯格出版社，1972 年），司徒雷登（John Leifhton Stuart）：《在華五十年：從傳教士到大使 —— 司徒雷登回憶錄》（紐約：蘭登書屋，1954 年），韋雅各（James B. Webster）：《中國基督教教育與國家意識》（紐約：杜登出版社，1923 年）。

〔17〕黃宇和（John Wong）：《一個英雄形象的起源：孫中山在倫敦（1896-1897）》（香港：牛津大學出版社，1986 年），第 169-202 頁。史扶鄰：《孫中山與中國革命的起源》。

〔18〕維他·珀塞爾（Victor Purcell）：《中國教育問題》（倫敦：特呂布納出版公司，1936 年）。魏維賢、黃君華：《海峽殖民地和

馬來聯邦的官方教育報告（1870-1939）》（新加坡：泛太平洋
出版有限公司，1980年。）

〔19〕林紓以古散文體完成的譯作有蘭姆的《莎士比亞戲劇故事集》、
《魯賓遜漂流記》、《格列佛遊記》和狄更斯的主要小説。他還
翻譯了許多當時英國流行的通俗小説，譯得最多的是亨利‧賴
德‧哈格德、亞瑟‧柯南‧道爾的作品，現在已鮮有人讀。
為了吸引更多讀者，英法兩國的最佳古典小説後來皆被譯成白
話文。林紓本人的散文詩歌選集最近被重印，以此彰顯他在當
時的影響力。其中最具代表性的是《林紓研究資料》，福州：
福建人民出版社，1983年。林紓對古文的推崇從他的學術著
作及其傳絠散文選集中可見一斑。

〔20〕包華德（Howard L. Boorman）：《中華民國人物傳記辭典》，第
2卷，第122-124頁（徐志摩）；第148-149頁（許地山）及第
3卷，第132-135頁（老舍，原名舒慶春）。未見蕭乾的傳記，
但在幾篇文章中均有提及，特別是他在1957年"反右運動"
中受到牽連，見第3卷，第357頁。對徐志摩的研究最多，尤
其是詩歌方面。錢念孫：《朱光潛與中西文化》（合肥：安徽教
育出版社，1995年）。

〔21〕《朱光潛全集》第9卷（合肥：安徽教育出版社，1987年），第
186頁。

〔22〕《給青年的十二封信》，見《朱光潛全集》，第1卷，第1-81頁。

〔23〕亞瑟‧韋利：《我們欠中國的情義債》，見蕭乾編：《千弦琴》，
第342頁。

〔24〕高斯華夫‧路斯‧狄堅遜（G. Lowes Dickinson）：《希臘人的

生活觀》(倫敦：梅休因出版社，1896 年初版)；1934 年上海商務印書館初版，而 1966 年台灣商務印書館重印。英文原版在中國重點高校圖書館均可借閱。1900 年至 1930 年間，希臘文主要經典著作被譯成中文，為中國學者所熟悉。有趣的是，1949 年後有關希臘城邦的詳盡研究均未提及狄堅遜。顧准：《希臘邦城制度》，見《顧准文集》(貴陽：貴州人民出版社，1994 年)，第 63-219 頁。國內可讀到狄堅遜的一部後期作品《論印度、中國和日本的文明》(倫敦：登特出版社，1914 年)。狄堅遜曾訪華並結識當地友人，我不知道這個因素是否擴大了他的作品知名度。1901 年，倫敦登特出版社又首次推出《"中國佬"信箚》，這部作品極受外國讀者歡迎，在華似乎不為人知。

〔25〕伯特蘭・羅素 (Bertrand Russell)：《中國問題》(倫敦：艾倫與安文出版公司，1966 年)，此書在 1922 年初版。秦悅譯，《中國問題》(上海：學林出版社，1996 年)。1922 年至 1926 年，羅素在華演講的筆記陸續整理出版。近來，中國的相關研究論文均提到羅素在 1921 至 1927 年期間發表在報紙雜誌上的文章。詳見李雪琴對於馮崇義所著《羅素與中國》的評論，北京：《讀書》雜誌，1996 年，第 1 期。馮崇義：《羅素與中國》(北京：三聯書店，1994 年)。

〔26〕許芥昱譯：《20 世紀中國詩選》〔花園城 (紐約州)：雙日出版公司)，第 83-84 頁；亦見〈14 世紀至今〉，白之編：《中國文學選集》(第 2 卷)(紐約：格羅夫出版社，1972 年)，第 347-348 頁。

〔27〕蕭乾：《未帶地圖的旅人 —— 蕭乾回憶錄》（香港：香江出版公司，1988 年）。金介甫採取刪減和改編完成英譯，蕭乾作了擴充和修改，見此書英譯本（倫敦：哈欽森出版社，1990 年），第 1-3 章。在毛澤東領導下的中國，蕭乾擔任《人民中國》英文版的副主編。為了考驗他的忠誠，他被任命為《文藝報》的編輯和《人民日報》文藝版顧問。這兩家報紙都具有黨報性質。蕭乾公開支持更自由的文學觀，他甚至為翻譯 D.H. 勞倫斯的作品辯護，為此付出代價。1957 年，他被打為"右派"，職務和聲譽不能使他倖免於難。

〔28〕蕭乾、金介甫：《未帶地圖的旅人》，第 111 頁。

〔29〕蕭乾、金介甫：《未帶地圖的旅人》，第 117 頁。

〔30〕蕭乾最早在英國出版了兩本書，分別是《苦難時代的蝕刻》（倫敦：愛倫和愛文出版社，1940 年）；《中國而非華夏》（倫敦：嚮導出版社，1942 年）。他還翻譯了查理斯・蘭姆（Charles Lamb）和瑪麗・蘭姆（Mary Lamb）合著的《莎士比亞戲劇故事集》、亨利・菲爾丁（Henry Fielding）的《大偉人江奈生・魏爾德傳》，兩本書都在 1956 年出版，先於他所遭受的迫害。儘管出版被禁止，他仍堅持翻譯工作。1962 年，他用筆名出版了《里柯克諷刺小品選》（北京：人民文學出版社，1962 年）。這是一本斯蒂芬・里柯克（Stephen Leacock）的諷刺性散文選。蕭乾從 1979 年政治平反到去世的最後 20 年裏，文學創作碩果纍纍，翻譯事業如日中天。這包括他的回憶錄和四部主要翻譯作品：亨利克・易卜生（Henrik Ibsen）：《培爾・金特》（成都：四川人民出版社，1983 年）；厄普頓・辛克萊（Upton

Sinclair）:《森林王子》（北京:人民文學出版社，1984 年）;
亨利・菲爾丁:《棄兒湯姆・鍾斯的歷史》（上、下冊）（北京:
人民文學出版社，1984 年）;詹士・喬伊斯（James Joyce）:
《尤利西斯》（3 卷本）（南京:譯林出版社，1994 年）。

〔31〕中國很有天賦的作家在第二次世界大戰之前就用英語創作和
出版作品，主要有學者、翻譯家和政論家。最著名的當屬林
語堂。他早年就讀於教會學校，該校坐落在福建廈門對面的
鼓浪嶼。

〔32〕容閎:《我在中國和美國的生活》（紐約:霍特出版社，1909
年），中譯本書名為《西學東漸記》。胡適深受尊敬，他的中文
作品遠多於英文創作。另一位深受敬重的是顧維鈞。他自己用
英語撰寫回憶錄，目前只有中文翻譯版正式出版，共 13 卷。

〔33〕辜鴻銘和林文慶的英文高出林語堂一籌，但對中國文學和哲學
的領悟卻是不敵林語堂。辜鴻銘有 3 篇（部）代表作。《尊王
篇》，上海:《文匯報》（英文晚刊），1901 年;《春秋大義》，北
京:商務印書館，1922 年;《中國的牛津運動》，上海:《文匯
報》（英文晚刊），1912 年。

〔34〕嚴復有多部深具影響的譯作，包括亞當・斯密:《國富論》;
約翰・斯圖爾特・密爾:《論自由》（嚴復定名為《羣己權界
論》）;赫伯特・史賓沙:《社會學研究》（嚴復定名為《羣學肄
言》）;湯瑪斯・亨利・赫胥黎:《天演論》;愛德華・甄克斯
（Edward Jenks）:《社會通詮》。參見本杰明・史華慈:《尋求
富強:嚴復與西方》（劍橋:貝克奈普出版社，1964 年），第
4 至 8 章。

〔35〕郭穎頤（Daniel Kwok）:《中國現代思想中的唯科學主義（1900-1950）》（紐黑文：耶魯大學出版社，1965年）。

〔36〕阿里夫·德里克（Arif Dirlik）:《革命與歷史：中國馬克思主義歷史學的起源（1919-1937）》（柏克萊：加利福尼亞大學出版社，1978年）。《讀書雜誌》在中國展開了一場社會史的論戰，見該刊1931年第1卷第1期至1933年第3卷第6期。趙慶河：《〈讀書雜誌〉與中國社會史論戰（1931-1933）》，（台北：稻禾出版社，1995年）。

〔37〕費維愷編:《共產主義中國的歷史》（劍橋：麻省理工學院出版社，1968年）。

〔38〕最著名的代表作是李時珍（1518-1593）的《本草綱目》、王禎（14世紀）的《農書》、徐光啟（1562-1633）的《農政全書》和宋應星（生於1587）的《天工開物》。

伊博恩（Bernard E. Read）將《本草綱目》部分章節譯成英文，以《中藥材》為名發表在《北平自然史學報》1931年至1941年的各期；台北南天書局於1977年將此譯文再版。一個最近的研究是喬治·梅塔（George Metailie）的《李時珍的〈本草綱目〉：自然史的革新》，見許小麗（Elizabeth Hsu）編:《中醫的革新》（劍橋：劍橋大學出版社，2001年），第221-261頁。麥都思（W. H. Medhurst）翻譯了《農政全書》部分內容，英譯本書名為：《論蠶絲生產與桑樹栽培》（上海：墨海書館，1849年）。宋應星《天工開物》的全文翻譯，以《17世紀的中國技術》為名出版，孫任以都（E-tu Zen Sun）、孫守權（Shiou-chuan Sun）合譯，派克校區：賓夕法尼亞州立大學，1966年。

〔39〕中國學者研究了數學、曆法、物理和煉金術的歷史，最早著作見李儼、嚴敦傑、竺可楨、王瑾、丁緒賢等人著述。在工程學領域，劉仙洲於 1918 年畢業於香港大學，後出任清華大學副校長。20 世紀 30 年代，他對工程史產生興趣，發表多項研究成果，後輯入專著出版。劉仙洲：《中國機械工程發明史》（北京：科學出版社，1962 年）；《中國古代農業機械發明史》（北京：科學出版社，1963 年）。

〔40〕王吉民（Wong Chimin）、伍連德（Wu Lien-teh）：《中國醫史 —— 古今醫學編年史》（英文版）（上海：全國海港檢疫管理處，1936 年）。

〔41〕李約瑟（Joseph Needham）：《中國科學技術史》（劍橋：劍橋大學出版社），這部系列巨著在 1954 年後陸續出版。何丙鬱：《理、氣、數：中國科學和文明概要》（香港：香港大學出版社，1985 年）；何丙鬱：《我與李約瑟》（香港：三聯書店，1985 年）。

五 "去統治"

在上一章中,我指出基督教關於天國的觀念及其承諾的精神生活的思想傳入中國,供中國精英階層接納,但他們感興趣的卻是能解釋自然奧秘、教導他們如何掌握地球資源的科學。在中國人的事物觀中,"天、地、人"是三個明確區分的概念。這與西方流行的二元論,例如黑暗與光明、肉體與靈魂、上帝與愷撒(上帝的歸上帝,愷撒的歸愷撒)不同。中國人的"天、地、人"境界,反映的是中國精英階層通過修習要踏上的三個不同的人生階段,其表達見於儒釋道三教的教義。在這種背景下,基督教在至高靈性的層面,可與佛教玄學相提並論,但大多數中國人卻認為基督教義不夠理性,有些人則將基督教的慣例與被基督徒視為迷信的流行佛教的某些特色混為一談。相反,科學豐富了有關於地的知識領域,這是中國所不具備的。這種科學的目的與手段顯然是世俗的,但對於沒有經歷過政教分離緊張局面的中國人,這不是一個問題。尤其是中國的儒家精英被灌輸要強調現世,沒有來世應許之說。由此,一方面他們保留了自己的上天形象,但另一方面他們和受其教導的公職人員一起,心甘情願地接受了關於地的解釋。

本章的"去統治"主題向中國人的人生第三階段("人")提

出了挑戰，核心是人的組織和管理方式。其要點在於權力的本質，權力如何轉化為權威和合法性，權力如何被使用或濫用。在過去 2000 多年，中國發展出一套強大的治理理論，因此，中國的精英階層對軍事強國英國能否提供較先祖傳承的更優越的治理體系，抱有持懷疑的態度。他們心儀的社會和政治準則經過 19 世紀被英國戰敗的最初的衝擊後，基本保留了下來。儒學為朝廷效力，至少從理論上看，是一門世俗學問。儒家重視修養，過程始於童年，貫穿一生。這種傳統有明顯的局限性，因而許多人通過習練道家養生之術來保持身心健康。離職年限一到，力衰的官吏便開始閱讀佛經，準備迎接來世，有些人考慮的更多的是祖宗靈位，而不是涅槃。[1]

　　用今天的話來說，為了應對工業化和城市生活帶來的壓力，有些中國人似乎在天地之間尋找 "人" 居於其間的意義。共產黨一度把宗教統統斥為迷信，幾十年之後，終於意識到人民對精神需求有強烈而廣泛的渴望。如今，黨承認漢族和某些少數民族的既有宗教習俗是合法的。這些得到官方認可的宗教包括佛教、道教、基督教和伊斯蘭教。當政者跟從以往的歷史，將宗教活動限定為一種個人崇拜行為，教徒皈依官方批准的各大宗教，這些宗教明確接受世俗權威，不可成為政治動亂的根源。[2]

　　對於中國精英階層來說，千百年以來，正是在世俗領域，他們修身齊家治國平天下。辛亥革命之後，無人知道被形容為服務大多數人利益的共和框架該如何運作，人們就新精英階層的施政之道展開激烈角逐；至於外來施政理念和模式，他們面臨多種選擇：可考慮照搬西方的統治方式，也可篩選西方列強的各種憲政形式和政體，然後決定仿效的對象。第一次世界大戰結束之時，英國的統治制度被認為有效但保守，美法兩國的模式更進步；布爾什維克革命之後，尤其年輕人認為蘇維埃俄國的實驗最為激進。也可以在幾種模式中挑選，只選擇適合自身治理傳統的一鱗半爪，也就是只取各國恰到好處的一塊，建立現代化的新型國家。新一代知識分子和學生為了探索這些方案而展開了激烈辯論。在甄別這些模式的背後，暗藏着中國人的焦慮，期望在最短時間裏找到復興之路，重現昔日四方來朝，財富無數，號令天下的盛景。

亞瑟·韋利的這四個詞較準確地把握了英國提供給中國人的東西。"去打仗"、"去貿易"和"去統治"這三個詞語較世俗，中英兩國人都能理解。只有"去傳教"這詞不同，它是英國人精神生活的重要部分，卻不屬於中國人。英國官員、商人和水手對本國宗教虔誠，他們只能為其正名。但在四個詞中，"去傳教"從沒有被等量齊觀，跟早先葡萄牙探險者同時尋找"基督徒和香料"一事也不能相提並論。宗教默默地屈從於帝國的世俗要求。即使英國人眼中的天堂，也被中國人世俗化，結果皈依到地上的科學。在世俗領域，如何治理成為受教育精英階層的中心問題。

我就此提出以下三個問題：甚麼是英國必須給中國人的？中國實際上經歷過甚麼樣的英國統治？中國人從中學到了甚麼？要回答這些問題，我將考察中國人可選的方案，從而了解英國政體在哪裏適用，哪裏不適用，以及其各自的原因。

　　就治理而言，英國所能提供給中國的總是間接的、周邊的，這跟戰爭、貿易和皈依科學有所不同。這種間接性體現在對英國治理體系的了解上，英國這個民族國家成為最大帝國，在歷史上哪怕不算唯一，也是佳例。18 世紀末，英國人在印度幹些甚麼，中國官僚僅僅聽說而已。[3] 接下來的幾十年，他們從第一批旅居海外的華人那裏打聽到英國人如何管理檳城、馬六甲和新加坡，得到那邊的正面記錄。開放香港和各大通商口岸之後，越來越多的中國人開始跟執行英倫法規的英國官員接觸。但跟旅居馬來亞英屬殖民地的華人的經歷類似，這些接觸從很多方面看都是膚淺的，因為它們跟仍然實權在握的清廷官僚的運作無關。清朝省級和地方官員有時候不得不與英國官員打交道，但這些聯繫對其仕途和職責來說並不重要。有些中國人自願生活在英國人非正式的或部分的管轄之下，即便如此，直接接觸英國法律和管理制度的機會也是罕見的。只有一些企業家和少數幾個特派官員，才可以說跟設在中國沿海的英式政府機構保持着日常聯繫。

　　不過，英國人的確提供了一套明確的治理原則，尤其在各大通商口岸中發展最快的城市上海。[4] 但那裏的制度是獨一無二的，主要是一套城市管理的實用方法，由一個不斷演化的寡頭機構實施，以英國商人為主，公共租界的幾個美國人（後有一兩個日本人加入）從旁協助，毗鄰的法租界在其勢力範圍內推行另一套發展計劃，形成有趣的對照。對於自信擁有健全的政治制度的清朝官員來說，至少在 1911 年之前，英法毫無疑問都沒有提供適用於帝國需要的現代治理新思想。清王朝覆

滅後，年輕一些的活躍分子的確了解了中國傳統沒有的責任制
和權力分享的某些方面，他們在羅列諸項罪狀時不知不覺中運
用了這種認識，向 1912 至 1928 年間在北京建立的無能的共和
制政府發起挑戰。各大不同政見團體參照法、美、俄等國大革
命中提出的更激進的共和主義理想，喊出新的口號，向接替軍
閥統治，由國民黨領導的南京政府（1928-1949）施壓。

　　1863 年，赫德先在上海代理海關總稅務司，繼而在北京
出任大清海關總稅務司，他或許提供了一個相對廉潔且高效的
榜樣，令清廷和省級官員刮目相看。[5]他執掌海關 40 多年，
所收關稅可資購買現代軍火，資助各大產業和翻譯館的發展。
這不僅說明他深受器重，還表明海關服務對晚清政府的某些領
域產生了重大影響。中國精英階層還是沒有學到更高層次的治
理原則，只是大家有了共識，除了明擺着的軍事技術、工業技
術、城市秩序和金融管理等領域，英國確有寶貴的現代化知識
值得中國人學習。當然沒人考慮過這個問題：用通行英國的現
代化政治體系淘汰清朝腐敗的官僚制度，緊要的問題恰恰在於
奠定共和的新式中央集權基礎的一整套政治制度、觀念和機
構。日本領導人在保全天皇制度的前提下改革政府，而中國人
不同，認為必須推倒重來。因此，共和模式在接下來的十年內
還是前途未卜。

　　直到 20 世紀 20 年代，在這接近的 50 年內，形形色色的
改革家均對通過民選建立兩大黨的代議制君主立憲政體表示出
興趣。通過郭嵩燾（1818-1891）、曾紀澤（1839-1890）、薛福
成（1838-1894）等中國駐英公使呈交的報告（其評價並不總是

正面的），中國開始了解英國政治慣例。這些公使也是兼任清朝駐法國、比利時和意大利等國的公使，他們關於歐洲各國政府體系的評價有助於中國上層了解維多利亞時代英國的政治制度。[6] 當時，保守官僚評論家對所謂洋務運動（西方稱為"自強運動"）分子所宣導的貌似親西方的改革主張，反彈越來越大，英國制度並不總是受到賞識。對他們來說，肩負的神聖職責仍然是重振傳統的治理原則。

在另一個層面，朝廷外的官僚和文人學士對翻譯有關英國和歐洲歷史的作品的興趣不斷增加。19世紀八九十年代，這類書籍的閱讀者中有康有為（1858-1927）等年輕學者及同時代人。他們將日本明治政府、俄國彼得大帝和普魯士俾斯麥任首相時期的政治模式與英國模式加以比較，試圖改革大清帝國。更年輕的梁啟超撰寫通俗雜文，激起一羣思想家和政治家研究英國政治的熱情，不少人因此相信民主責任制政府之類的東西對中國大有裨益。[7] 至於嚴復，這位海軍留學生訪英期間鑽研當代英國社會思想所取得的成就，要勝過他探討英國成為海上強國的奧秘。他選擇有代表性的英國思想介紹到中國，影響了一代青年人。儘管嚴復不見得盡窺英國豐富思想之精微玄妙，但他對英國政府體制創造財富和權力的能力所持的有保留的欽佩之情，贏得讀者的普遍讚許。[8] 那麼，是甚麼原因造成中國的精英階層及其追隨者不進一步行動，採納英國的一些施政理念和方法呢？

我不認為，中國人拒絕英國模式，是因為鴉片戰爭的痛苦記憶和英國人干涉主宰中國朝政的歷史記錄，更可能的原因

是，孫中山及其狂熱的追隨者傳播的新民族主義思想，不允許
反叛者和革命者，接受一個滿族皇帝統領、滿族貴族掌管的君
主立憲制。隨着大清帝國的衰落，對於清朝的儒家式效忠被嚴
重稀釋。民族或種族的概念變得誘人，尤其是因為更多的中國
人被英國這樣的民族國家的成功故事所打動。只有最迂腐最正
統的儒士才考慮不由漢族王朝統治的君主制，也沒有漢人覬覦
大清皇位。滿族統治者是不可接受的，因為他們仍然被許多人
視為外夷征服的象徵，革命志士理當發誓棄絕。

民族主義者於是摒棄君主制，邁出脫離英國模式的第一
步，轉向美法共和政體尋找靈感。早先的重點只是革新和鞏固
帝制，現在卻考慮以趨近民粹民主的共和道路取而代之。沒人
知道中國怎樣才能走上共和道路。顯然，非用暴力解決不可。
不管怎麼說，暴力推翻腐朽政權暗合了中國的政治傳統。一旦
推行共和革命的理由被接受，人們就認定類似美法兩國的革命
斷然難以避免。英國是個君主制國家，推行法制作為貿易致富
的基石，不可能期待它會贊同這種做法或者提供幫助。日本
的明治天皇體系和 1918 年之前的德國皇權當然也不會施以援
手。1914 年，登位兩年的袁世凱總統詢問顧問們如何建立穩
定的政府，具有諷刺意味的是，一位美國政治學教授建議恢復
君主制，袁世凱採納建議，宣佈不久稱帝。大出他意外的是，
復辟招來大批知識分子的堅決抵制，抵制主要是因為他本人名
聲太臭，還是因為各派軍閥和革命黨人鬥爭激烈，無法確定，
這種反對有可能是中國式"皈依"的外在表現，它讓中國人準
備跳入未知領域。這一果斷的戲劇性決定也可能是上述三種原

因綜合所致。[9] 不管何種原因，走改良或立憲君主制的回頭路是行不通的。

新共和國又向美法兩國尋找模式。鑒於英法均為侵華的西方列強，美國模式作為傳統的英國模式的改進版，似能提供可接受的現代替代方案。美國也是新興民族國家的典範，被認為早已超越英法兩國；此外，美國在獲得財富和權力的道路上，沒有施展帝國主義的慣有伎倆，依靠犧牲中國而謀取利益；最重要的是，美國實行民主共和制，不像歐洲各國捲入紛爭，最終令英法兩國元氣大傷。有些中國領導人認為，美國模式是未來治國的較佳模式。它尤其吸引了以下這些人：他們在第一次世界大戰中急於尋找新式權力架構，或者期望走上較 20 世紀初以英國為代表的富國強兵之路更快的捷徑。布爾什維克革命一爆發，迅速被當時大多數愛國青年所接受，成為抗衡歐美版的主要模式，這是任何人都始料不及的。

跟夭折的中國海軍建設頗為類似，在標誌着維多利亞帝國權力巔峰的 50 年中，英國的治理理念無人重視，這些理念很快湮沒在一連串事件之中。20 世紀 20 年代，在反對外國佔領的民族主義呼聲中，馬克思、列寧關於反帝國主義的文獻日益佔領思想高地，結果，其他的政治救國方案漸趨弱勢，包括以美國為代表的英國傳統之修正版，激進的年輕人早已對腐敗無能的軍閥、立憲派和更早的民族主義者失去耐心，蘇維埃政權之速勝對他們構成了強力感召。這種感召，一方面，所涉的感情和烏托邦因素多過實質性內容；另一方面，通過向一小部分獻身革命者承諾通向大眾權力的便捷之門而魅力倍增。[10]

　　馬克思主義學説能為處於前工業時代的農業國中國帶來甚麼，年輕的革命者並不作批判性分析。他們不像老一輩精英分子那樣，甄別美、英、法政治理想之優劣，只能説明他們對於民眾中間的民族主義和恐外心理作出了本能反應。確實，很少有人關注自己的原則是否適用於中國的政治文化。階級鬥爭在哪裏？導致英國產生資本主義和產業革命的封建主義又在何方？有些人未經思考，就將論述人類經濟和制度更替的五個階段套用到中國歷史上；如果行不通，就在馬克思提出的“亞細亞生產方式”中找現成的理論解釋。[11]建立一種新式權力基礎的機遇催生了破壞一切的虛無主義，這種衝動可與禪宗的頓悟，或聖保羅在去大馬士革路上發生的皈依相比擬。

　　中國人背棄自由民主方式及其思想內容，在 1920 年羅素訪華令他們不快這件事上，清晰地反映出來。羅素大名鼎鼎，集數學家、科學家和社會活動家於一身，年輕聽眾期望從這位大哲學家那裏聽聞最現代化的智慧，但羅素似乎不理解中國人為甚麼對民族主義、社會主義和共產主義的混合物激動不已，這事讓他們不解和失望。羅素代表溫和的英式進步主義，對蘇維埃政權及其在俄國推行的一系列社會變革反應淡漠。[12]沒過多久，美國教育哲學家約翰‧杜威（John Dewery, 1859-1952）來到中國。相比較而言，中國人對這次相對成功的訪問給予了好評。我父親還記得杜威來國立東南大學（其前身是南京高等師範學校）演講，給他和他這一代的學生帶來了精神啟迪。杜威的中國學生教導他和他的同輩人，使他們篤信在重建一種新型統治體系之前，必須引入新的哲學方法來解放中國人的思想。例如，年輕人需要能系統解放其思想、接受現代化觀念的方法，以替代傳統教學法。[13] 儘管父親後來推崇英式精英管理，但他對杜威所提出的為建設性改造中國所必備的價值觀，從來信心不減。

不管怎樣，出身貴族家庭的名人羅素也許不是英國觀念的最佳傳播人選。年長的杜威名聲上遠不及羅素，但那些邀請他的中國學生都是高校院系主任，他在高校完成了訪華的大部分演講。他因此更好地順應了前來聽講的熱情的中國學子的情緒。儘管如此，杜威的漸進主義政治觀點只能在他的學生教書的教室裏找到共鳴，他和羅素都沒能將熱血青年引離革命道路。當羅素離開中國之時，最讓人記住英國價值觀的人，反而是智慧稍遜一籌的人。這人便是英國小說家查理斯·狄更斯（1812-1870），他的小說刻畫了產業革命對於維多利亞時代的英國產生的影響，令許多中國人潸然淚下。每當看到他關於那個環境的描述，年輕的中國讀者便覺得，他有血有肉地呈現了對 19 世紀英國詩人威廉·布萊克（William Blake）筆下描繪的"黑暗的撒旦磨坊"（用來比喻英國的工業革命）的鞭撻。[14]

第二次世界大戰之後，人們使用冷戰語彙長達 40 多年，早在這之前，盎格魯人的理念和國際主義的反帝思想已發生日益激烈的交鋒；在中國，從 20 年代到 40 年代，這兩種思想體系之間從沒有過平等較量；在歐洲，德國納粹帝國崛起，向英國發起嚴峻挑戰，日本乘機推行姍姍來遲的軍國主義，局面趨向複雜多變。人們對於如何治理現代世界的問題極度困惑，日軍侵華，使這一問題雪上加霜。隨後中國爆發惡性內戰，交戰一方信奉軍國民族主義，另一方信仰農民共產主義，中國人選擇哪種現有執政體系的問題，因此就不復存在。正如中國幾千年歷史的慣例，誰打贏戰爭，誰就掌握權力。中國人理解的人道，不管是道德理念還是政治理想，總是勝者為王。在他們看來，英國人的執政之道的可能性也不例外，英國統治，毋寧說英美統治，只要證明能幫助新領導人贏得政權，就算是一種可靠的模式。1949 年，中國人已清楚誰來當家作主，靠甚麼上台執政。然而，1991 年蘇聯解體之後，他們變得不那麼確定了。要是有一天，他們相信英美的治理原則已真正地勝出了，恐怕有些人會考慮重新評估它們。

這引向我的第二個問題：中國人實際上經歷過甚麼形式的英國統治？依靠軍事勝利掌權，然後行使治權，生活在英國治下的華人都經歷過這個過程。英國人佔領他國領土，待管理體系就位，治權總是就此開始。這些華人和生活在通商口岸的中國人對英國統治有着親身體驗，但是他們在中國總人口中的比重太小，這種經驗只能說是周邊的。我在前面提到，最早生活在英國某種形式統治下的華人是 1788 年後湧向法蘭西斯·萊特 (Francis Light) 掌理的檳城的那批中國人。1805 年，佐治·利夫 (George Leith) 將他們稱作最符合英國在檳城貿易利益的人，[15] 這當然不是英國人的發現。16 世紀，葡萄牙人和西班牙人先後到來，發現中國商人早就活躍在東亞和東南亞，他們對中國人的看法也是如此，不久，在巴達維亞的荷蘭人也同樣賞識人才，巧妙地僱用華裔中間人，創造了荷屬東印度群島的帝國。早在檳城建立的 100 多年前，英國東印度公司就知道這些當地貿易網絡的存在。但當時英國的目標是印度,直到準備將貿易擴展到中國,中國人才受到重視。正是由於這次擴張,他們一下子擁有了數目可觀的首批中國"臣民"。

這些生活在周邊的中國人如何看待早期的英國統治,文字上沒有直接記載。他們以腳投票,遷離馬六甲、蘇門答臘島各大港口、馬來半島西海岸的其他港口,來到英屬領地,表明他們歡迎英國人的治理。新加坡於 1819 年建港後,移居更為明顯。新加坡提供貿易和轉口等便利設施,華人從附近地區飛速遷來。有足夠證據表明,大多數華商對英國隨後 150 年的治理表示好感。[16] 此外,新加坡成為華人赴馬來半島,荷屬東印度羣島中部、南部和西部所有重鎮,甚至前往印度洋各大港口的重要中轉港。如此,19 世紀和 20 世紀上半葉,對英國統治有所了解的華人逐漸增多。但這些華人生活在周邊,影響不到中國大陸的思想和制度。

中國人對英人實際管理的評論,19 世紀末方才出現。這時候,香港和通商口岸的中國人已熟悉英式管理。來自多種管道的評論出現了。中國官方對外國人的租界管理有報告,尤其提到英商在上海的管理中佔有非同尋常的主導地位。報告涉及英國治下的海峽殖民地華裔英國臣民如何在中國領土行使得來的"英國"權力,特別是在廈門和汕頭這樣的地方。也有人寫出個人心得,交代與英人打交道的須知事項。最直言不諱的評論見諸中國報端,最早是出現在 19 世紀末的香港報紙上,後來上海報紙也刊發文章,20 世紀初新加坡和檳榔嶼的報紙也開始報導。[17]

　　有趣的是，最早了解英人官員的海峽殖民地的中國人是土生華人，統稱為峇峇（巴巴）或海峽華人，他們用英語作出正面評價。後來他們在英文刊物《海峽華人雜誌》（1897-1907）上發表文章，而由土生華人宋旺相爵士（Song Ong Siang,1871-1941）撰寫的優秀歷史著作《新加坡華人百年史》，如實呈現了華人對英國治理的各種觀感。隨後報紙組稿刊文，有人到議會演講，有的表達感恩之情，也有的對英國不願讓更多華人參政漸感失望。[18] 由於不懂英文就讀不到這些文章，大陸出生的華人的看法就不得而知了。對比英語評論和同期的中國報紙評論不無裨益，可發現觀點之不同。英語評論強調需尊重英國的法律和秩序，中文評論則對享有相對的貿易自由及組織社團的自主性深表讚賞。

　　重要的是，在港的中國人一開始就用漢語寫作，這裏保存了最早一批描述英國人治港好處的直接的記載。例如，洪仁玕（1822-1864）的作品為我們提供了一個具體的例子，喜歡政治的中國人是如何看待港府的。洪仁玕是太平天國唯一天皇洪秀全的族弟，他關於法律、金融保險、道路交通和管理實務的很多想法，以及他對於奴隸和殺嬰的見解，都來自他在港逗留期間所受的啟發，但是，要拿去幫助洪秀全，為時已晚。[19] 許多中國名人深知，英人有一套實際方法來解決外國現代城市的生活問題，英人打算有選擇地將這些解決辦法教給一些中國臣民，這包括為英國大公司工作的買辦和最早被任命為立法局議員的中國人，他們當中善於表達的人定期為中國報紙撰文，如胡禮垣（1847-1916）（以及像何啟那樣熟悉英國人的中國人）和鄭觀應（1842-1921）分別在《新政真詮》和《盛世危言》中，介紹了他們對英國統治的認識。[20]

英國的醫學、保健和公共衛生等知識尤為引人關注，中國青年迅速轉向醫學，例如何啟本人，還有成為首位接受英國女王獎學金的華人林文慶，難怪香港、新加坡兩地的首批高等學校都是醫學院。中國人對普通法的運用很佩服，但相對表現得不那麼明顯，儘管法制對大多數中國人至今還顯得神秘莫測，但很多人早就承認，英國司法體系就其公正性與正當實施而言，都遠超中國人自己設想的東西，以何啟為例，他除了之前獲得的醫學學位，又拿到了法學學位，他的妹夫伍廷芳（1842-1922）曾在英國殖民地待過，利用在倫敦學到的法律知識，在清朝和中華民國時期擔任高官和外交官。[21]後來，在英國受過法學教育的香港和內地學生步其後塵，或成為法理學家，或成為外交家，一直到20世紀40年代末。儘管他們人數上要比留美生少，但這一切暗示了人們普遍認可英國在醫學、法律領域的統治地位。在中華民國建立的幾十年裏，這種觀點充斥着實用執政手冊。

當時，港口道路方面的英國著作較少有人關注。對於內行人來説，英國在這些領域的貢獻非常之大。儘管中國的文人沒有受到投身工程專業的鼓動和吸引，但值得一提的是，印度以東建立的第一所英國殖民大學，即建校於1911年的高等學府香港大學，其創校學院就是工程學院。中國各省政府派出公費留學生赴港學習土木工程學，學成後回內地工作。劉仙洲（1890-1975）是這批傑出的工程師中的佼佼者，他在50年代從著名的清華大學副校長崗位上退休，該校當時已經是全國領先的工科大學。中國國內尚且健在的港大校友幾乎都是工程師，大多數校友至今記得教過他們的英國老師，緬懷在母校度過的幸福時光。[22]

總之，從 19 世紀末到 20 世紀上半葉，英國直接統治香港，以擅長城市管理和商業經營，尤其是公共衛生、道路和法治而成為正面楷模。這種影響甚至可以在孫中山的政治信條中找到痕跡，雖然後來他放棄心目中的英國保守模式，轉向蘇維埃革命的黨國體制。1923 年，孫中山在香港大學做講座，特別提到英人治港給予他個人的啟迪。確實，在其政治生涯中，孫中山發表的很多演講，他為中國發展制定的規劃綱要，都委婉地流露出他對英國所見所聞的仰慕。雖然孫中山及其追隨者如何效法英國來發展中國這樣的農業大國，並非一目了然，但從鐵路、礦業和水利工程計劃可以看出，孫中山的許多思想直接或間接得益於他在大英帝國的四處遊歷。[23]

評價英國人統治對中國人的影響，其困難是顯而易見的。中國商人和有政治覺悟的愛國者之間，似乎意見分歧。直接受到英國統治的商人學會了尊重以前在別人手下未享有過的各種條件，特別是尊重保護財產、專利、契約的一些法律，以及行政決策的相對公平。不過，各階層都有的愛國者，把英國在中國內外已經做的、正在做的大部分行動認定為殖民剝削。即便英國從未在中國大陸等地實行殖民統治，僅僅作為帝國主義的象徵而存在，這種態度依然如此。對於商人階層來說，英國人教導的是，無論誰執政，穩定、法律的可預測性和相對的自由這三項缺一不可。對於愛國者來說，國家主權、文化尊重和民族身份高於一切，不可能與外族統治講條件。

如果我們觀察英國在東亞最後幾十年統治的兩個例子，就會發現這種對立虛有其表：一個是在馬來亞（今西馬來西亞和新加坡），另一個是在香港。這裏不討論馬來聯邦中英國人、馬來人和中國人之間複雜的三角關係，僅僅關注各自為營的華人社區如何看待英國人統治，以及英國人如何管理各大華人團體。中國人最初依靠籍貫和方言（相互語言不通）拉幫結派。他們建立親族和地區協會組織，將同鄉或同宗族人召集起來。英國人認為這些組織總體上起到了促進社會穩定的作用，便容忍並監督這些排他性組織，隨着中國民族主義的興起，華人中間出現新的分隔，一派親近從中國傳入的政治主張，另一派強調效忠當地政治，這種對立在華人學校學習漢語普通話的學生和在用英語教學的學校讀書的學生之間尤為明顯。英國人明顯祖護後者，那些不在殖民地或被保護國出生的人，一旦其從事的政治活動超過容忍的界限，立即被遣返回國。[24]

隨後，民族主義者內部產生新的分歧，一派支持國民黨政權，另一派加入毛澤東領導的共產黨。英國人謹慎地限制雙方的活動，但其後招募了一些人，包括共產黨和左翼民族主義者，抗擊第二次世界大戰期間共同的敵人——日本侵略軍。[25]加入英軍的這些華人最突出的貢獻是抗擊日軍佔領馬來亞（1942-1945）。最著名的抗日領導人是林謀盛（Lin Mousheng, 1909-1944），他先後在新加坡和香港大學就讀，後來參加中英共組的 136 部隊，被派回馬來亞，事洩被捕，遭到日軍殺害。馬來亞共產黨自稱是民族主義者，又是反帝政黨，實際的領導人主要是華人幹部，在那之後，該黨轉變為尋求馬來亞獨立的地方性政黨。

戰後反殖民情緒高漲，面對這種威脅，英國鼓動華人內部在意識形態上形成對立，並促成華人與馬來人之間的種族對立。各大華人社區不得不面對新形勢，選擇其中一條路線。他們可以像在中國一樣為共產主義在當地獲勝而奮鬥，也可以支援英國推廣的多種族社會計劃，以便在最終建立的馬來亞聯邦裏，忠於英國的華人被接納為公民。在這種背景下，大多數華人贊成英國承諾的法治、種族和諧、相對的自由和民族自治。很多人都談論過英國人在獨立的馬來亞為謀劃自身的長期利益而使的詭計，但令人驚訝的是，大多數華人對英國人履行承諾的能力和實際舉措，很少抱有懷疑。[26]

新加坡曾是英國殖民地，到 19 世紀下半葉，四分之三的人口是華裔，推行自治獨立的 40 多年之後，情況依然如此。儘管從來沒有預期新加坡會成為獨立的共和國，但自 1965 年跟馬來西亞分開後，當地華裔便成為其傳承的英國行政和司法傳統的受益者。新加坡獨立後，新任領導人擊退英式民主政治的挑戰，沿用英國人留下的多種族商業大都市的官僚體系。李光耀在其回憶錄中對這一過程做了精闢描述。[27]他認為國際市場經濟的需求和他着手部署的建國之間不存在矛盾。針對華人佔選民的大多數的情況，李光耀設計了一種政黨制度，確保絕對多數人能滿意於一個廉政高效的官僚體系，這個體系順應後儒教理想，在他看來，這是英國式民主無法提供的。執政的

人民行動黨認為，經濟自由的權重大於政治自由，這是大多數
華裔可以接受的。人們還不知道這兩種理想的融合度有多大。
然而這個試驗卻提醒我們，生活在英國人手下的華人不僅找到
了讓自己適應英國統治的方法，而且還能審時度勢，運用一些
符合自己特殊需要的治理方法。

　　香港的情況還要複雜，但更具啟發性。第二次世界大戰結
束後，尤其是 20 世紀 50 年代全球去殖民化進程之後，英國的
治港手法在幾十年中一直在變，以適應中國內地革命的新形
勢。[28] 親歷這段歲月（1949-1984）的中國人一定會注意到，
面對持久的不確定性，英國總是隨機應變。戰後出生的當地英
國殖民官員闖過了許多危及香港穩定的關口，大陸移民持續大
量湧入，香港人口在這段時期增加了三倍多，在這個時期，中
國大陸和台灣的支持者明爭暗鬥，期望在港府中獲得影響力。
此外，越來越多的香港人認為，要麼維持英國人治下的現狀，
要麼尋求某種形式的獨立。他們在全球最自由的報刊上發表對
英國治港的評論，這類言論日漸增多，內容五花八門，有人表
示寬容，有人表示聽天由命，甚而有人公開表示欽佩。

　　隨着當局招募、培訓更多的港人來接替退休的英籍僱員，
並等他們全部離港後管理香港，香港公務員穩步地趨於本土
化。不管是英籍還是港籍，目標是塑造成一名熱情友好、恪盡
職守、秉公執法、靈活務實、誠實高效的公務員，雖然有時也
達不到要求。他們敏銳地認識到，他們正供職於亞洲冷戰的前
線，大多在充當一方反對另一方的馬前卒。儘管上面告誡提
高警惕，利用各種機會了解內地的發展狀況，他們還是經常會

吃驚不已。20世紀60年代初,邊境線對面上百萬同胞面臨饑荒,60年代末,"文化大革命"如火如荼燒過邊境,他們只能忙於招架。他們不能滿足被允許居留的政治難民所提出的所有要求,這可以理解,但他們還是提供了奇蹟般的優質服務。在這個貿易開放和自由神聖不可侵犯的現代城市治理體系下,他們使生活在這片殖民地上的中國人保持了信心。令人奇怪的是,過去香港沒有民主,今天的民主也相當有限,卻仍然是亞洲最自由的一個社會。[29]

經歷了30年來自毛澤東領導下內地的狂風暴雨,香港終於在鄧小平大刀闊斧的經濟改革中大獲豐收。1982-1984年間,中央官員就香港回歸的條件展開辯論,一切都懸而未決。香港的治理體系再次經受考驗,在專門設計的基本法框架下,各方面謹慎地為脫離英國統治的港人自治做好準備。儘管一直有人質疑這部法律對香港命運的長遠影響,內地和香港代表還是秉承1984年簽署的《中英聯合聲明》的基本原則,進行了廣泛磋商。總之,香港代表堅持看緊保留英式機構,內地代表則盡可能地協調通融。在漫長的協商過程中,雙方本着務實態度,確保用以支撐穩定的貿易和金融環境的管理體系得以保存。

從1984年直到實際完成移交的1997年,在海內外中國各階層如何看待英國統治的問題上,我們掌握了更為自覺的材料。雖然細節上尚需要挖掘,但有足夠證據證明,英國在香港一手培育的行政主導型政府體系受到大陸人的讚美。這個為滿足全球化市場經濟需要而創造出來的框架體系,正是中國領導人為改革完成轉型所要學的，以便中國可以放心地對外開放。

我在前文提到，對中國人來説，英國的統治是間接的、周邊的。奇怪的是，這兩者或其中之一仍然具有影響力。這促使我提出最後一個問題：中國人從中收穫了甚麼？我不想説，中國從英國人那裏學到了很多東西。在本書開篇，我對英印、英中交往做了簡要比較，表示無意解釋為何英印交流似乎結出更多的果實。聖雄甘地不接受"去傳教、貿易、統治和打仗"背後的觀念，中國領導人卻一一作了回應。在上文已列舉的英國統治的例證中，有一點特別值得一提。在馬來亞和香港等英國長期統治的地方，當地華人不僅樂意接受，還準備仿效或延續英國的現代治理理念。倘若這種做法明確符合自身利益，上述傾向就更加明顯。如此一來，大多數英國的公共機構和法律都保存得相當完好，包括教育、運輸、衛生、排水和監獄，甚至包括《緊急情況規例條例》、《內部安全法令》等。這些法律在英國人離港後大多經過修訂。如果時間是關鍵性因素，也許就能解釋為甚麼印度保存的英國遺產更加豐富。在中國，除了一些周邊地區，其他地方英國人根本沒待過很長時間，談不上治理。

在新的全球化市場經濟中，考慮到英美政治傳統的大背景，忽略這種間接的周邊的影響，未免為時過早。20世紀50年代以來，其早期影響體現在英美在香港問題的合作上。這種關係在新中國成立的頭30年裏一直被小心翼翼地維持着，通過管制不嚴的深圳邊防，中國接受這種互惠互利的關係。內地和香港友好相處，獨立展開各自的故事，若是逐一道來，一定精彩萬分。中英兩國彼此警惕地交往了 155 年，這個階段可被看作兩國保持諒解關係最長的時期，為邊境雙方提供了有益的治理經驗。港英獲得的治理經驗可能根本不適合英國本土，但在 1949 至 1997 年的政治敏感時期，中英雙方在行政上互通往來，碩果纍纍，為治理香港打下了新的基礎，是不容否認的。20 世紀 60 年代，人們一旦明白香港不可能獨立，中國將恢復行使主權，有關各方的目的和手段馬上走到了一起。一旦有必要制定英國人離港時間表，靠攏必將發生。[30] 雙方的官員花了近 30 年努力了解對方，為香港最終成為中國特別行政區做好準備。這也使得北京的中央官員有時間熟悉香港行政體系中有待消化的內容。

　　沒人預測到毛澤東離世後中國所發生的急轉彎。鄧小平決定推行一系列徹底的經濟改革，香港問題變得更公開、更迫切。1982 年，他着手就香港最終回歸展開微妙的談判。一旦會談開始，雙方認識到必須在 1997 年香港移交之前就治港原則上的分歧達成諒解，彼此的壓力就越來越大。1982 至 1984 年間，中英通過開會磋商收穫了政治經驗，隨後邊境兩邊的中國人就香港的治理方式展開了同樣深入的討論。北京的代表和香港各界的代表就起草《中華人民共和國香港特別行政區基本法》進行了一系列磋商，這就需要鑽研北京和港府的運作細節，而雙方從沒有做過這些。雙方從細節討論中獲益多少，尚不得而知。當然，對於對方的運作方式，剛開始雙方都有很多偏見和誤會。不過有跡象表明，經過長期的相互學習，彼此從對方學到了很多東西。也許這個過程對港人來說很不平等，但

《基本法》的定稿表明，中國官員很好地學會了英國在這個殖民地的統治和管理之道，他們發現適用於香港未來的大多數制度均可照搬到內地，英國外交部負責監管指導港英當局，似乎對延續本國傳統之精粹也表示滿意，而緊急關頭呼籲民主，僅僅反映了內地突如其來的事件發生之後香港日益加劇的不安。

變化開始於 1989 年。政治風波發生後，尤其是蘇聯制度終結和冷戰結束後，美國及其盟友西歐國家無須再打"中國牌"對付強悍的蘇聯。當初它們需要中國做幫手，對非自由政策視而不見，如今不再容忍。隨後，中國發生了重大轉向，經濟改革越來越徹底，為英美政治理想更直接地進入中國提供了新的機會。末代港督彭定康執政的最後幾年，這個問題暴露在香港人面前。結果，所有相關的中國人極為不適，北京的精英對新的政治攻勢產生警惕，他們將其視為潛在的不穩定因素。[31] 鑒於情勢還在演化，此處對其後果不作猜測。可是，英國通過高度敬業的職業官僚體系在亞洲進行統治，這套體系為適應香港華人臣民而進行了修正，它有可能為未來形成的中國執政制度提供有用的範例。有趣的是，從未有人考慮過英國議會民主制的政治理念的功過，反倒是英國的治理舉措贏得了尊重。中國人對於這些治理舉措的經歷也許仍有意想不到的影響，尤其是新加坡和香港地區的範例，當英國人離開那兒之後，其影響力反而容易認出。對於務實的中國領導人來說，真真切切的成功依然是最好的老師。英國的統治似乎既間接又周邊，但在城市現代化進程中引進的這種治理方式，似乎在東亞還有生命力。

注 釋

〔1〕 過去，中國精英的傳記資料千篇一律，無意展現完整的生活畫
卷。這些傳記大多記錄人物的公眾生活，如有必要，輯錄家譜
及淵源。現代傳記有所發展，對於人物生活的各階段把握得更
好。例如，朱東潤撰寫的《張居正大傳》(台北：台灣開明書店，
1968 年)。這是一部關於明朝有爭議宰相張居正的傳記。還
有亞瑟‧韋利撰寫的袁枚傳記 ——《18 世紀的中國詩人袁枚》
(倫敦：愛倫和愛文出版社， 1956 年)。

〔2〕 眾所周知，"文化大革命"之後，大陸的傳統宗教復興。最近，
中共提出認識道德和精神價值對於國家的重要性，見《國民道
德建設實施綱要》，該文刊載於人民網，2001 年 10 月 24 日。
2001 年 12 月 10-12 日，國務院召開全國宗教工作會議。會議
結束後，《人民日報》在 2002 年定期刊登有關宗教事務的報告
和社論。

〔3〕 楊炳南：《海錄》(上海：商務印書館， 1936 年)。該書依據中
國海員謝清高在 18 世紀末海上經歷的回憶整理而成。

〔4〕 畢可思：《英國人在中國：社區、文化和殖民主義 (1900-
1949)》(曼徹斯特：曼徹斯特大學出版社， 1999 年)。

〔5〕 1861 至 1863 年，赫德與英國同胞德都德 (H.Tudor
Davies)、費士來 (Georgr Fitzroy) 在上海工作期間，一起被
任命。萊特 (Stanley F. Wright))：《赫德與中國海關》(貝爾
法斯特：穆蘭出版社， 1950 年)。朱利艾特‧布萊登 (Juliet
Bredon)：《赫德先生：偉大生涯傳奇》(紐約：杜登出版社，

1909 年）。費正清、卡特琳・布魯爾和馬樂森合編，羅伯特・赫德（Robert Hart）：《中國海關總稅務司赫德書信集（1868-1907）》（劍橋：哈佛大學出版社貝奈普分社，1975年）。

〔6〕 傅樂山（John D. Frodsham）：《中國第一批外交官：郭嵩燾等人的西方之行》（牛津：克拉倫頓出版社，1974 年）。歐文・黃（Owen Wong Hong-hin）：《中西外交新篇章：中國首任駐英公使郭嵩燾》（九龍：中華書局，1987 年）。

〔7〕 蕭公權：《近代中國與新世界 —— 康有為變法與大同思想研究》（西雅圖：華盛頓大學出版社，1975 年），羅榮邦編譯：《康有為：傳記與論叢》（圖森：亞利桑那大學出版社，1967 年），張灝：《梁啟超與中國思想的過渡（1890-1907）》（劍橋：哈佛大學出版社，1971 年）。

〔8〕 史華慈：《尋求富強：嚴復與西方》，第 42-90 頁。沒有一個中國學者像嚴復那樣傾力翻譯英國學術名著；除了一人之外，這些英國人都生活在 19 世紀，他們是亞當・斯密、約翰・斯圖爾特・密爾、赫伯特・史賓沙、湯馬士・赫胥黎和愛德華・甄克斯。

〔9〕 楊格（Ernest P. Young）：〈革命後的政治風雲：袁世凱時期（1912-1916）〉，見費正清主編：《劍橋中國史》第十二卷，《劍橋中華民國史（1912-1949）》（第一部分）（劍橋：劍橋大學出版社，1983 年），第 246-255 頁。陳志讓：《袁世凱的黃袍加身：1859-1916》（倫敦：愛倫和愛文出版社，1961 年）。

〔10〕舒衡哲：《中國啟蒙運動：知識分子與五四遺產》，第 145-194

頁。周策縱：《五四運動：現代中國的思想革命》（劍橋：哈佛大學出版社， 1960 年）。

〔11〕早期馬克思主義者的作品受到日本共產主義者的影響，後者相對於中國歷史學家來說受到封建主義思想的困擾較少。見《讀書雜誌》， 1931 年第 1 卷第 1 期至 1933 年第 3 卷第 6 期；趙慶河：《〈讀書雜誌〉與中國》， 1995 年；瑪麗安・薩維爾（Marian Sawer）：《馬克思主義和亞細亞生產方式問題》（海牙：尼伊霍夫出版社， 1977 年）；卜正民（Timothy Brook）編：《亞細亞生產方式在中國》（阿爾蒙克：夏普出版社， 1989 年）。

〔12〕羅素：《中國問題》，第 18-20 頁及第 146-148 頁。

〔13〕杜威曾來華講學，內容涉及教育哲學，講稿經過整理和翻譯分別於 1920 年、 1921 年在北京出版。 1973 年，中文講稿翻譯成英文出版。杜威對中國人的熱情印象深刻。約翰・杜威、愛麗絲・杜威：《杜威夫婦書信集》（倫敦：登特出版社， 1920 年）。近年來，杜威在中國學者中受到的關注不及羅素。郝大維（David L. Hall）、安樂哲（Roger T. Ames）：《先賢的民主：杜威、孔子與中國民主之希望》（芝加哥：公開法庭出版社， 1998 年）。巴里・基南（Barry C.Keenan）：《杜威實驗在中國：民國早期的教育改革與政治勢力》（劍橋：東亞研究理事會，哈佛大學出版社 1977 年）。

〔14〕1910-1920 年間，林紓開始翻譯狄更斯，例如：《霧都孤兒》、《大衛・科波菲爾》、《尼古拉斯・尼克爾貝》、《董貝父子》和《老古玩店》。到了 20 世紀 30 年代，其他譯者陸續譯出《聖誕

頌歌》、《遠大前程》、《艱難時世》和《雙城記》等小說。當時讀者對威廉・布萊克（William Blake）的詩歌頗有同情，這種認識與俄國革命者對狄更斯的贊許有關，因為他們將狄更斯視為批判資本家剝削的先驅。

〔15〕佐治・利夫（George Leith）：《檳城概述：殖民地、物產與商業》（倫敦：巴菲爾德出版社，1804 年）。要了解更多早期的檳城和新加坡，參見科恩（C. D. Cowan）：《早期的檳城和新加坡的崛起（1805-1832）》，《英國皇家亞洲學會馬來西亞分會學報》，第 23 卷第二部分，1950 年，第 1-210 頁；歐尼斯特・楚（Ernest Chew）：《一個英國殖民地的建立》，見歐尼斯特・楚、愛德溫・李（Edwin Lee）合編：《新加坡史》（新加坡：牛津大學出版社，1991 年），第 36-40 頁。

〔16〕愛德溫・李：《英國統治者：治理多種族國家新加坡（1867-1914）》（新加坡：新加坡國立大學出版社，1991 年），第 50-99 頁；特布林（C. M. Turnbull）：《新加坡的歷史（1819-1875）》（新加坡：牛津大學出版社，1985 年）。中國早期外遷商人對當地狀況表示肯定，這種看法必須與後來移民的觀點加以比較，參見李寶平（Lee Poh Ping）：《19 世紀新加坡華人社會》（吉隆坡：馬來亞大學出版社，1978 年）；顏清湟（Yen Ching-hwang）：《社羣與政治：殖民地時代新加坡與馬來西亞的華人》（新加坡：時代學術出版社，1995 年）。

〔17〕伊懋可（Mark Elvin）：〈上海市政（1905-1914）〉，見伊懋可、施堅雅主編：《一個城市，兩個世界》（史丹福：史丹福大學出版社，1974 年），第 239-262 頁；梁元生（Liang Yuensheng）:《上海道台研究：轉變社會中之連絡人物（1843-1890）》（火奴魯魯：夏威夷大學出版社，1990年）；白吉爾（Marie Claire Bergere）:〈資產階級的作用〉，見芮瑪麗編：《革命中的中國：第一階段（1900-1913）》（紐黑文、倫敦：耶魯大學出版社，1968年），第229-295頁；程愷禮（Kerrie L. MacPherson）:《一片沼澤地：上海公共衛生的起源（1843-1893）》（香港：牛津大學出版社，1987年），該書對城市管理的特定領域作了富有啟發的研究。

關於日漸活躍的中國報業，李少南寫有《香港的中西報業》一文，見王賡武主編：《香港史新編》（第2卷），第493-533頁；陳蒙鶴（Chen Mong Hock）:《新加坡早期的華文報（1881-1912）》（新加坡：馬來亞大學出版社，1967年）。

〔18〕宋旺相（Song Ong Siang）:《新加坡華人百年史》（新加坡：馬來亞大學出版社，1967年再版）該書1923年在倫敦初版，未見中文版，但豐富的傳記資料被收入多本傳記中譯本。最新出版的傳記是柯木林（Kua Bak Lim）主編的《新華歷史人物列傳》（新加坡：教育出版私營有限公司，1995年）。研究宋旺相的論文極少，有一篇將他與同時代的兩位多產學者作對比，李元瑾：《東西文化的撞擊與新華知識分子的三種回應：邱菽園、林文慶、宋旺相之比較研究》〔新加坡、河畔區（新澤西州）：新加坡大學出版社、八方文化企業，2001年〕。楊進發：《殖民時期新加坡華人的領導與權力》（新加坡：時代學術出版社，1992年）。

陳禎祿（Tan Cheng Lock）著，C. Q. 李主編:《馬來亞問題：

從中國的視角看》（新加坡：坦斯科出版社，1947 年）；林建壽（Lim Kean Siew）：《遠眺金沙：一個檳城家族的回憶錄》（八打靈渣雅：帕蘭杜克出版社，1997 年）。

〔19〕儘管洪仁玕在《資政新篇》中表述的治國方略令人欽佩，但最終還是未能挽救太平天國垂危的事業。1861 年，傳教士艾約瑟（Joseph Edkins）的看法很有說服力：

> 這些篇章既闡釋《聖經》的宗教思想，又體現政治性。他為國家憲法、社會生活組織和藝術的改良提出了許多建議，列舉建設鐵路、設立電報、建立郵局、創辦報刊和使用蒸汽機等帶來的諸般好處……不幸的是，在預見繁榮未來之時，缺乏征服和統治的才智……假如太平天國在其控制的土地上，精心組建一個富有效率的政府，而不是在當前無政府狀態即將終結之時依然幻想任何形式的改良，也許結局會好很多。

引自普萊斯科特‧克拉克（Prescott Clark）、葛列格里（J. S. Gregory）：《西方關於太平天國的報導：文獻選編》（坎培拉：澳大利亞國立大學出版社，1982 年），第 293-294 頁及第 360-361 頁；史景遷（Jonathan D. Spence）：《上帝的中國之子》，第 269-273 頁。

〔20〕蔡榮芳（Tsai Jung-fang）：《何啟和胡禮垣改革思想的融合》，見《亞洲簡介》，第 6 卷，第 1 期，1978 年，第 19-33 頁；《買辦思想家的困境：何啟和胡禮垣》，見《現代中國》，第 7 卷，第 2 期，1981 年，第 191-225 頁。

柯文在一篇關於基督教傳教的文章中這樣描寫鄭觀應的《盛世危言》（1893 年初版，後經多次增補，大多收錄在《鄭觀應集》〔鄭觀應著，夏東元編，上下冊，北京，1982-1988 年〕）："他頗具影響力的改革檄文充滿人道主義精神，顯然傳承了基督教的精神。"參見〈基督教傳教活動及其在 1900 年的影響〉，費正清：《劍橋中國史》，第十卷（上），第 584 頁。

〔21〕張琳達（Linda Pomerontz-Zhang）：《伍廷芳（1842-1922）：中國現代史上的改革與現代化》（香港：香港大學出版社，1992 年）。

〔22〕拜恩·夏里遜編：《香港大學五十年（1911-1961）》（香港：香港大學出版社，1962 年），第 45-57 頁。陳劉潔貞、彼得·柯尼奇（Peter Cunich）：《美夢成真：香港大學的建立與重建》（牛津：牛津大學出版社，2003 年）。港大國內校友撰寫了一本文集，緬懷那段求學經歷，劉蜀永編：《一枝一葉總關情》（香港：香港大學出版社，1993 年）。

關於劉仙洲的論述，第 35-51 頁。另見《港大工程學院建院 75 周年紀念冊》（香港：香港大學工程學院，1988 年）。

〔23〕1923 年 2 月 19 日，孫中山在香港大學發表演說，見《孫中山全集》（北京：中華書局，1985 年），第 7 卷，第 115-117 頁。他思念在香港度過的大學時代，這種情懷與他幾年前對英國政治的強烈質疑迥然不同。在〈中國存亡問題〉中可讀到他在 1917 年的思想表述，現已確認為孫中山本人觀點，並譯成英文版，見魏里、馬若孟（Ramon H. Myers）、葛麟（Donald G. Gillin）合編，《救國方略：孫中山選集》（史丹福：胡佛研究所，

1994 年），第 131-199 頁。

〔24〕關於英屬馬來亞和英屬海峽殖民地的社區組織和社會分工，以下書籍均有論述：黃存燊（C.S.Wong）：《華人甲必丹》（新加坡：國家語言文化局，1963 年），第 9-37 頁及第 67-87 頁。顏清湟：《社羣與政治：殖民地時代新馬的華人》（新加坡：時代學術出版社，1995 年），第 3-22 頁及第 33-53 頁。

〔25〕楊進發：《馬來亞共產主義的起源》（新加坡：南洋學會，1997 年），第 241-268 頁；史賓沙・卓文（F. Spencer Chapman）：《叢林是中立的》（倫敦：查特與溫達斯出版社，1949 年）。

〔26〕邱家金（Khoo Kay Kim）：《馬來亞政治極端主義的開端（1915-1935）》，博士論文，馬來亞大學歷史系，1975 年；謝文慶（Cheah Boon Kheng）：《紅星照耀馬來亞：日本佔領馬來亞前後的反抗和社會衝突（1941-1946）》（新加坡：新加坡國立大學出版社，1983 年）；《蒙面的戰友：馬來亞共產主義統一戰線研究（1945-1948）》（新加坡：國際時代圖書公司，1979 年）；楊金華（Yeo Kim Wah）：《新加坡的政治發展（1945-1955）》（新加坡：新加坡國立大學出版社，1973 年）。

〔27〕李光耀：《李光耀回憶錄》（新加坡：時報出版公司，1998 年），第 256 頁。另見更早的著作，亞歷士・祖斯（Alex Josey）：《李光耀傳》（新加坡：摩爾出版社，1968 年）；《李光耀：關鍵歲月》（新加坡：國際時代圖書公司，1980 年）；約翰・莊斯戴爾（John Drysdale）：《新加坡：力求成功》（新加坡：國際時代圖書公司，1984 年）。

〔28〕關信基、劉兆佳：《變化語境下的政治態度：以香港為例》（香港：香港亞太研究所，香港中文大學，1997 年）；金耀基、李沛良合編：《香港的社會生活和發展》（香港：香港中文大學出版社，1981 年）。

〔29〕伊恩・史葛（Ian Scott）：《香港政治變遷與合法性危機》（倫敦：赫斯特出版社，1989 年），第 127-170 頁；劉婷：《公務員價值觀的改變》，見伊恩・史葛、約翰・般斯（John P.Burns）合編：《香港公務員制度及其未來》（香港：牛津大學出版社，1988 年），第 131-158 頁。

〔30〕強納森・丁伯白（Johnathan Dimbleby）：《彭定康 —— 香港末代總督》（多倫多：雙日出版社，1997 年），第 94 頁。

〔31〕蘇耀昌（Alvin Y. So）：《嚴陣以待的香港民主：社會性分析》（巴爾的摩：約翰・霍普斯金大學出版社，1999 年）；王賡武、黃朝翰（John Wong）合編：《回歸中國後的香港：轉型的挑戰》，新加坡：時代學術出版社，1999 年。對於香港政治和行政體系的深入研究，見佳日思（Yash Ghai）：《香港新憲法秩序：中國主權的收回和〈基本法〉》（香港：香港大學出版社，1997 年），第 221-280 頁及第 371-427 頁。

六　餘論

　　"很多年以來，中國學生赴英倫學技術。去劍橋的以新加坡學生為主，很多人不會説漢語，更不要説閲讀中文了。"1942 年，亞瑟·韋利寫下了這番話，寥寥數語打發了英聯邦中的華人。[1] 的確，辜鴻銘和宋旺相是為了學技術，就林文慶和伍連德而言，部分也是這樣，説 20 世紀 30 年代前往英國的學生衝着技術而去，真是對極了。香港過來的華人學生漢語更好，英聯邦自治領和英屬西印度羣島的華人學生相對較差。其中的悖論是，當時有許多華人學生發現他們畢生後要為中國服務，由於工作需要，他們不得不回過頭來學習中文。

　　當我們説起英聯邦的華人，會發現他們與中國之間千絲萬縷的聯繫，這種情況延續到 20 世紀 50 年代。毛澤東推行"大躍進"之後，這種趨勢被逆轉，"文化大革命"（1966-1976）之後，趨勢徹底扭轉。1984 至 1997 年期間，中國一直在做準備，迎接約 600 萬的香港同胞告別英聯邦，重回祖國懷抱。21 世紀初，大約 1300 萬華人後裔居留在英聯邦國家，4/5 居住在馬來西亞和新加坡，其餘是在英聯邦前自治領。如果加上英語國家的華人，數量接近 1500 萬，超過中國兩岸四地（大陸、台灣、香港和澳門）的海外人口的一半。除了最新的一些移民，這些華人很少把中國看作祖國。[2]

　　但韋利抓住了更重要的現實。談及 20 世紀前 20 年，他說"我們與中國的關係的偉大轉捩點到來了"。事實上，當他在 1942 年寫這番話時，一個更大的轉捩點已現端倪，其表現是重估英聯邦在亞洲的地位。香港成了英聯邦的東部邊陲，馬來西亞和新加坡則成了通向澳大利亞、紐西蘭和南太平洋的關鍵環節。鴉片戰爭以來英國深度介入中國事務的狀況即將止步。英國與定居海外的華人的接觸可能譜寫新的歷史篇章，這將與中英的交往史分開。就前者而言，故事還不到講的時候。眼下正好用來審視早先的不對稱交往。[3]

　　我承諾過從更長遠的視角來考察中英交往。顯然，英國最初從海洋帶來的威脅，改變了中國的戰略思維。如果中國領導人感到威脅猶存（這種威脅現在來自亞太地區本身），他們本該從早年的海軍建設努力中汲取經驗。這已對該地區產生重大影響。英國在幫助推進港口現代化方面功績卓著 —— 如果談不上參與海軍建設本身。美國人向台灣地區的中國人提供了最頂尖的海空作戰訓練，迫使中國大陸投入更多精力保護自身的海上利益。這也許是中英交往史上英國最持久的影響。

　　但中國的經驗教訓遠遠不止海軍建設。早年所有戰爭爆發的原因是甚麼？將來會有甚麼樣的戰爭？中國一再強調建設武裝力量，只為保衛國土和主權，但外國戰略家從德國納粹和日本軍國主義的新近歷史出發，難以相信這種說法，他們擔心中國新領導人不會放下一個世紀的屈辱宿怨，滿足於國防的目的。此外，中國多年接觸國際共產主義，本應有野心謀求在全球範圍內發揮更大的作用。中國領導人站在自己的角度，認為自身訴求有限，拒絕接受任何與 20 世紀上半葉德日的野心畫上等號的説法。他們甚至覺得這種類比就是一種羞辱。他們指出，歷史上強盛的中華帝國一向內斂克制，面對外族征服的威脅，採取防禦性政策。他們辯解説，即便現在俄羅斯國力衰弱，中亞回教國家分崩離析，印度剛走上強烈的民族主義道路，但中國陸上疆域像以前一樣易受攻擊。還有，儘管英國在中國香港和台灣地區的影響力下降，但英美合圍中國，並與潛在的強國日本結盟，這種威脅一直是存在的。

當代歷史學家則關注 1949 年以來中國捲入的陸戰，以此證明中國會出兵入侵鄰國。他們特別提到朝鮮戰爭和越南戰爭中，中國在打擊以美國為首的多國聯盟中實際扮演的角色。他們講到英國人未明確劃分中印邊界引發的 1962 年中印戰爭，20 世紀六七十年代中蘇兩國發生的小規模武裝衝突，還有中國 1979 年的對越戰爭。在關於遠及南沙羣島的引起爭議的歷史聲索中，也有人擔心中國為了控制南海，推行長期擴張計劃。中越雙方各執一詞，就島嶼歸屬問題意見相左，雙方的敵意暗示着領土糾紛問題不會輕易得到解決。中國依舊否認有任何侵略意圖，只是聲稱有權保衛邊境安全，不僅要保衛領土，更要守護領海。中國一直懂得如何應對來自陸上的國家安全威脅，而現在在沿海努力建設海軍守衛海岸線，為自身帶來了巨大麻煩。過去 500 多年裏，鄰國從未看到中國派出一支可靠的海軍實現遠洋航行，所以強軍之舉使他們大為擔憂。

後續事件的發生，不能一股腦地歸咎於英國。1945 年以

前，中國人的不安全感主要來自法、俄和日等國，20 世紀 50
年代後，來自俄、美的壓力上升。顯然，俄、美對於中國戰略
思維的影響是巨大的。也許可以説，這些壓力從此顯著提升了
中國的戰鬥力，這對於打造一支現代化軍事力量來説，好處是
不可估量的。這些外來壓力對華造成的全部影響，似乎可與英
國軍事傳統在印度或其他英聯邦國家的傳承相提並論。這種傳
承對於中印兩國的武裝力量的作用都非同小可，儘管是以不同
的方式。中國關於安全和國防以及全球戰略思維的長期理念發
生了甚麼樣的變化，在今後幾十年中值得仔細分析。

　　中國從英國人那裏學到了甚麼貿易方法，對商業企業應該
受法律保護的問題了解多少，在這兩個問題上人們依舊爭論不
休。如果中國歷史學家繼續認為，19 世紀 40 年代外國軍艦炮
轟中國沿海防禦工事無非是無恥商人為了銷售鴉片，而不考慮
貿易自由這樣的基本概念可成為導致戰爭的主要原因之一，貿
易在中國就不可能具有在盎格魯世界那樣的地位。不過，毋庸
置疑，中國商人的角色變化是深遠的。即使歷屆中國政府可能
無法以相同方式保護本國商人，企業家理當獲得更高社會地位
的觀點卻受到普遍的認同。2001 年，中共中央總書記表示允
許成功商人入黨。[4] 如今一些企業家進入政界並被授予權力，
反映了中英兩國交往之後文化價值觀的另一轉變。海內外的中
國人一直都在仔細研究當今的英美模式。這些模式早已改變了
海外華人的商業組織和商業慣例，也一定會影響到大陸私營企
業的未來。

　　在國內外貿易是以公有制還是私有制管理的問題上，正在

進行的這場爭論經歷了很多波折。這場爭論可為商人的控制和參與提供經驗教訓。引人關注的是政治語言正在適應經濟現實。中國是否有可能脫離具有中國特色的國家或福利資本主義的變種，轉向據傳在海外華人中正在成型的各種"中國式資本主義"形式，然後相互融合？當共產黨領導的國家更為徹底地適應全球化市場經濟的要求，哪種創新可能發生呢？有異常強烈的跡象表明，大陸在決策過程中採取的是精明的實用主義。儘管這一幕在中國歷史文化大背景下司空見慣，但中國領導人歷來不承認貿易成功和提高全體中國人生活水準之間存在聯繫，以前也沒有這麼多領導人這麼留意外部世界的變遷，特別是對選擇在外定居的華人中間的社會賢達這麼關心。這是否意味着中國人的世界觀即將發生轉變？在貿易慣例上遵從操一口英語的商人主導的全球標準，也許還是不夠的。中國人需要轉變心態，皈依各種新信仰還不夠徹底。

從一開始，英國就向中國傳入基督教，外加厲害的炮艦和工程技術。中國人選擇後者來保衛中華文明，抵制洋教。這一決定促使他們轉向現代科學，而科學的力量撼動了中國人對舊式技術革新之道的信心，最終瓦解了構成其生活支柱的舊道德體系。對大多數中國人來説，盎格魯民族的科學思維模式帶來了真正的解放。儘管對於精神生活的影響有強有弱，但是有系統地消除全國性交流障礙則為當代普通話帶來了革命性影響。這種語言在所有現代學校和傳媒中推廣普及，為獨具特色的國民認同奠定了新基礎。可是，"儒家"正統觀念和"道家"另類思想中所蘊涵的傳統精神依然抵制 —— 如果不説是蔑視 ——

科學的誘惑。它提供了一股暗流，這股暗流引導着當代政治行為，但跟英國人用過去兩百年的時間培育的自由主義的世俗理想仍然相去甚遠。

皈依科學及其對中國教育的作用已帶來深刻的影響。這種皈依將如何進一步改變中國思想行為的方方面面，現在尚不明朗，但有跡象表明，從新的角度重新思考各種外來智慧的大門已然敞開。測試這種轉變的程度的一種方法，是看新創立的大學在社科領域是否具有科學的態度。如果仿照中國台灣和香港地區的大學，定會在中國的"人道"中表現出更多的影響力。最近，中國科學院和中國社會科學院以及台北"中央研究院"發生的變革顯示，新型的社科專家，不久會像科學家和工程師那樣成為令人尊敬的階層。[5] 因此，儘管許多英國傳教士期待的基督教信仰未能帶來直接影響，世俗皈依卻不斷提出了學術自由的問題。也許這種皈依還能傳遞中國人希望享有的宗教自由，儘管是以間接的方式。

顯然，英國治理作為一種經驗沒能按常規發展。中國領導人對英國在多元社會的殖民地所培育的行政主導型政府表示了欣賞。這些政府成功地為多種族、多宗教和多語言的社會帶來了穩定，並使它們成為像馬來西亞和新加坡這樣的民族國家，驕人政績令人刮目相看。不過，他們最熟悉的是香港的治理。這加深了他們對多黨派政治的保留看法，鼓勵他們嘗試並推進他們的一黨制國家制度。如果他們能抵禦住要求多黨制民主的壓力，最終就會走向一種"無黨制"國家，代表全民，這更趨近中國本身的政治傳統。[6] 如果照這樣發展，這個現代化國家的政體本質上將成為集軍、民和黨為一身的"官僚政府"，這個政府與歷史上英國殖民地的政府相類似，如今經過改造重組以適合中國人的統治。

另外，顯見的是，20世紀中國人對英國治理的反應，其背景是中國發現了現代民族主權國家所擁有的力量。他們被迫重估自身的國家存在，它究竟是脫胎於一種古老而復興了的文明，還是建立在上一個帝國打下的疆域之上？他們承認，歷經百年恥辱，一個提供國內、國外最大安全的制度將非常有助於建設現代化國家。這個制度將包括許多中國人直接或間接從英國統治中學來的經驗。中國領導人並非人人都欣賞英國治理原則的各個層面，但他們接觸到的英國人尊重法律，制定市民自治和普遍秩序的框架的做法，讓他們難以忘懷。

我們不能指望從英聯邦國家的華人（包括所有曾經居住過和仍然居住於其中的華人）中，誕生像揚·克利斯蒂安·史穆茲和他那一代久經考驗的領導人那樣的人，他們從大英帝國的熔爐中脫穎而出，畢生奉獻於帝國的長治久安。這個時代已經過去。可是，馬來西亞和新加坡的華裔領導人當中，有人體會到了這個政體的優點。在澳大利亞和加拿大等英國前自治領，可能有人願為加強與英國的歷史關係而貢獻力量。現在有些中國人將英語作為"母語"，像英語國家人士那樣，用英語創作詩歌小說，撰寫科學和學術論文，他們的潛力更大。韋利對徐志摩迷戀英倫特色欣喜若狂，陳寅恪（1890-1969）於1941年獲聘牛津大學漢學系主任，他形容此事説"中歐關係史上最重要的事件已經發生"。[7] 韋利這麼説是正確的，因為這在當時算得上一種新的交流。從此以後，文學和學術領域的交流佳話層出不窮。儘管對於中英關係的影響參差不齊，但他們在英聯邦和美國這個盎格魯民族的國家累積的衝擊卻是不容小覷。這提醒我們，如果尊重的方式是對的，那麼英國殖民地和自治領之外的更廣泛的交流理當豐富得多。

在 1942 年的書單中，韋利寫下了涉及英中之間各種具體關係的其他詞語，這些內容我在這個系列講座中沒有提及。來華英國人不僅有"傳教士、士兵、水手、商人或官員"，還有單純為了"交友學習"來華的"有閒之士、詩人、教授和思想家"。韋利說這是"轉捩點"。他也許預感到第二次世界大戰結束後將湧現新一代漢學家和未來的教授，但他在見識上還是遠遠走在時代前面。他心目中的有閒之士、詩人和思想家絕非代表性人物。韋利描繪中國的昔日輝煌，當然讓婁斯·狄肯遜耳目一新。科士打自然很喜歡蕭乾，他也許沒想到，一個中國人像他一樣欣賞現代英國文學有多麼不尋常。此外，另有英國人加入羅素的行列，敦促英國和西方列強阻止日本侵華，呼籲者包括金斯利·馬丁（1897-1969）、喬治·奧威爾（1903-1950）和基督教貴格會運動的領導人。諾爾·安南（Noel Annan）身處英國文化主流，這樣的知識淵博人士記錄了"我們時代"的偉人名字，對中國極感興趣的人統統不在名單上，這足以說明問題。畢竟，連韋利都認為不宜訪華，聽聞神交足矣。這意味着除了幾個特例，去中國的事主要還是交給英國官員和商人，其他人則至少要等到下一代了。[8]

放眼英聯邦作家羣，中英交往未能誕生像拉迪亞德·吉卜林（1865-1936）或科士打這樣的大作家。唯一接近的要算賽珍珠了。賽珍珠（1892-1973）是美國傳教士的女兒，她是第一位讓西方大眾關注普通中國人生活的作家。[9]近來，有些英國通俗小說家為了取巧，將故事主人公放在中國建功立業，但跟那些在英聯邦國家產生靈感而創作的作品相比，寫作品質上大為遜色。

英國人從中國吸取養分，這表現在婁斯・狄肯遜（《"中國佬"信箚》）和歐尼斯特・布拉瑪（1868-1942）（《凱龍舖開他的草席》）的程式化小說中，這些小說即便是教育程度最高的中國人也很少知道。[10]到 20 世紀 30 年代，哈樂德・阿克頓（1904-1994）成為中國的新式文友，但他還不能充分體現韋利所說的交友學習。[11]我曾提起理雅各和李約瑟是某種類型的朋友或書友。韋利本人則代表了另一類。這個話題容後再敘。

韋利提到 20 世紀上半葉的一個轉捩點，也許時間上過早。只要大英帝國仍然處於上升期，就沒理由脫離權力象徵。就中國人來說，也許將香港 1984 至 1997 年這段殖民末期作為變化的終點更令人信服。全球中華同胞關注這段歷史的落幕表演，尋找中英交往新開端的跡象：英國人將到中國來"交友"和"學習"。但這一前景還不明朗。第二次世界大戰結束之後，美國充當了盎格魯民族的繼任者，美國的更深介入似乎模糊了中國人心目中美國原有的形象。在第二次世界大戰之前，來華的美國士兵、水手、官員人數較少，大多是貿易商和傳教士。來華傳教士當中，許多人是教授、教師和醫生，來華是"交友"，有些甚至是"學習"。今天，美國教師仍去中國。中國歡

迎大批美國遊客，而不是有閒來訪之士。更多的美國科學家、
工程師和社會科學家訪問中國，而不是美國詩人和思想家，
大多數美國人確實結識了中國好友。不過，只要美國被看作傳
承了盎格魯民族的帝國傳統，一些訪華者就可被視為代表了帝
國的"士兵、水手和官員"，雖然帝國從沒有跟美國聯繫在一
起。這當然不是韋利講述的故事。出於對中國悠久歷史的深刻
理解，他以快樂結局收尾。從檳城和新加坡出發，再到香港離
開，中英這段 200 年的交往簡史似乎讓我們看到，這不失為一
個現實的結局。

注 釋

〔1〕 韋利：〈我們欠中國的情義債〉，見《千弦琴》，第 342 頁。

〔2〕 潘翎（Lynn Pan）編：《海外華人百科全書》（劍橋：新加坡中
國遺產中心、哈佛大學出版社，1999 年），第 15-17 頁及第
48-71 頁。喬斯林‧阿姆斯壯（M. Jocelyn Armstrong）、沃
威克‧阿姆斯壯（R. Warwick Armstrong）：《東南亞華人人口
導讀》，見喬斯林‧阿姆斯壯、沃威克‧阿姆斯壯、肯特‧穆
萊納（Kent Mullier）合編：《當代東南亞社會的華人人口：身
份、相互依存和國際影響》（里士滿：柯曾出版社，2001 年），
第 1-10 頁。關於海外華人總數，較難確定或達成一致認識。
大多數學者的看法是在 2500 萬至 3000 萬人之間，也有學者
看高一線，認為介於 3000 萬至 3500 萬人之間。這包括那些

仍認為自己是旅居海外的中國人或者華僑（見第一章，注釋 3）者，但不包括港澳台三地的中國人，否則總人口將激增 3000 萬。6000 萬的龐大人口足以構成誤導。無論是北京、台北還是其他華人社區，都不將這 3000 萬人算作海外華人。

現階段，儘管港澳已回歸，區別內地人和港人、澳人依然有用。台灣自稱"中華民國"，建立了自己的體制。對台灣人來說，華僑（即海外華人）這一正式稱謂僅指不居住在台灣或大陸的華人。因此，必須澄清海外華人是指居住在大中華地區以外的華人，而非中華人民共和國以外的華人。

〔3〕 中英交往通常被納入與西方國家的關係之中。有兩項研究值得一提。汪一駒：《中國知識分子與西方（1872-1949）》（教堂山：北卡羅來納大學出版社，1966 年。陳志讓：《中國和西方：社會與文化（1815-1937）》（倫敦：哈欽森出版社，1979 年）。前者側重中美關係，後者考慮中國和整個歐洲的關係。本書重點關注英國，包括那些受英國管轄的中國人。在英聯邦其他國家定居的中國人需再寫一本專著來談論。

〔4〕 《江澤民在慶祝中國共產黨成立八十周年大會上的講話》，《人民日報》，2001 年 7 月 2 日。

〔5〕 中國社會科學院號召各省社科院多關注歐洲、北美各大知名的社科研究機構，見喬建、李佩良、馬戎合編：《社會科學的應用與中國現代化》（北京：北京大學出版社，1999 年）。這一號召改善了新知識的傳遞方式，這種轉變得到國家政策制定部門的好評。關於中國發展的年度分析成為有組織的科目，每年定期出版。劉國光、王洛林、李京文合編：《中國經濟前景分

析》，（北京：社會科學文獻出版社， 1999 年）。

　　為了提高國內地位和國際認可度，中國社科院自 1998 年起聘請外籍專家，並授予"榮譽研究員"的稱號，藉以提升自身形象。中國社科院最近做了一項研究，追蹤自身從中國科學院分離成為獨立機構之後所完成的角色嬗變，見瑪嘉烈・斯里博姆（Margaret Sleeboom）：《學術民族主義》（英文版），第 1 卷《論學術民族主義在中日兩國的分類及其影響》，第 2 卷《中國社會科學院在民族國家建立中的機構角色》（萊頓：萊頓大學國際亞洲研究中心， 2001 年）。

　　台灣"中央研究院"發動改革，促成社科人文領域新研究所的建立，但這場改革並非易事。有關方面深知缺乏系統性建構的非實驗知識領域之重要性，毅然決定改革學科體系。具體來講，社會學、語言學、哲學、法學和政治學等學科向歷史悠久的歷史、經濟和人類學研究所提供學科支援。

〔6〕　"三個代表"的主要內容是：中國共產黨代表中國先進生產力的發展要求、中國先進文化的前進方向、中國最廣大人民的根本利益。"三個代表"反映了老一輩政治家統籌兼顧的政治傳統，但江澤民提出的這一思想的歷史延續性尚無定論。媒體幾乎每天宣傳深入研究"三個代表"重要思想，以引起公眾興趣。頗具代表性的是 2001 年關於"三個代表與理論創新"的講話學習。

〔7〕　亞瑟・韋利：〈我們欠中國的情義債〉，見《千弦琴》，第 345 頁。

〔8〕　伊萬・莫里斯編：《山中狂吟：亞瑟・韋利紀念文集》，引自第

1 章第 80 頁。1955 年，我與亞瑟・韋利初次相遇，當時他在倫敦大學亞非學院作公開演講。我禁不住問他為何沒有訪華。他説了一件事，他以前曾向亞非學院中文教授提議研究和翻譯中國詩歌。不料這位教授告訴他詩歌研究價值不大。他注意到教授在被西方改造過的中國居住過很長一段時間，隨後作出這樣的點評。他本人想研究的中國是在被"現代性"改得面目全非之前的那個中國。

諾爾・安南（Noel Annan）將二戰後影響英國文化生活的那一代中的代表人物一一列出，他的看法未必人人接受，但是與中國毫不相干是顯見的。在韋利提到的三人中，伯特蘭・羅素是不可被忽略的，狄肯遜被無關痛癢地提到過幾次，但未提到他們對中國的看法。韋利本人也沒發表這方面的看法。被韋利忽略的哈樂德・厄頓（Havold Acton）是個特例，阿克頓確曾涉足中國現代詩歌，但這點研究還早在二戰之前（見以下注釋 11）。一旦跟受害國 —— 守舊無助的中國斷絕聯繫，奢談英國準備"交友學習"就毫無道理可言。諾爾・安南（Noel Annan）：《我們的時代：塑造戰後英國的一代》（倫敦：威登菲爾德和尼科爾森出版社，1990 年）。

〔9〕 1938 年，賽珍珠（Pearl Buck）獲得諾貝爾文學獎，這是講述中國的小説首次榮膺該獎項。但是，人們卻經常將她遺忘。《大地》（1931）、《兒子們》（1932）和《分家》（1935）三部曲也許是她最有名的小説。她對中國人懷有深沉真摯的友情，她描寫中國人的生活打動人心，贏得西方讀者發自肺腑的同情。她至少有 10 部小説一直在書店銷售，這些小説大多在 20 世紀 30

年代創作。就讀者喜愛程度而言，描寫中國的英文作品無出其右。

〔10〕狄肯遜：《"中國佬"信劄》（倫敦：詹森出版社，1902 年），該書在紐約出版時採用另一書名：《一個中國官員的來信：從東方看西方文明》（紐約：麥克盧爾 – 菲力浦斯出版社，1903 年）。歐尼斯特・布拉瑪：《凱龍的錢包》（倫敦：梅休因出版社，1917 年）；《凱龍的流金歲月》（倫敦：理查茲出版社，1922 年）；《凱龍舖開他的草席》（倫敦：理查茲出版社，1928 年）。

〔11〕哈樂德・厄頓、陳世襄（Ch'en Shih-hsiang）合譯：《中國現代詩歌》，倫敦：達科沃斯出版社，1936 年；哈樂德・厄頓、李宜爕（Li Yi-hsieh）合譯：《警世恆言四篇》（選自馮夢龍1627 年纂輯的短篇小説集），紐約：韋恩出版社，1927 年；哈樂德・厄頓：《牡丹與馬駒》（倫敦：查特和溫杜思出版社，1941 年）。